인물로 보는
서양 근대도시계획사

김흥순

Modern History of Urban Planning
in the Western World

박영사

• 머리말 •

요즘은 웬만한 도시계획 관련 용어는 일반인에게도 낯설지가 않은 느낌이다. 용적률이나 역세권 같은 용어는 전국민이 다 아는 것 같고, 간혹 유튜브를 듣다보면 특별건축구역이나 용도용적제처럼 나 역시 개념이 뚜렷하지 않은 용어를 듣게 되는 경우도 적지 않다. 이러한 건축, 도시계획 용어의 대중화 앞에서 도시계획을 전공하는 사람으로서 웃어야 할지 울어야 할지 심사가 복잡하다는 고백을 하지 않을 수 없다. 이 모든 것이 우리 사회를 휩쓸고 있는 부동산 광풍 덕분이기 때문이다.

개인적으로 가장 난감할 때가 나를 부동산 전문가라고 추켜세우면서 어디가 더 오를 것 같냐고 낮은 목소리로 묻는 분들을 만날 때이다. 내가 어디서 산다고 말하면 화제가 곧 다른 곳으로 돌아가기는 하지만, 그것 역시 나에게는 적지 않은 상처다. 내가 정색을 하며 도시계획은 원래 사회주의 사상의 일부로 시작되었다는 말을 한다면 그는 어떤 반응을 보일까?

이 책의 구상은 31년 전 대학원 도시계획사 수업에서 시작되었다. 대학원 재학 중 방위 소집을 마치고 진로 문제로 여러 가지 고민을 하던 때였다. 그때 나는 평소 관심 있던 성회를 공부할지, 신학을 공부할지, 유학을 갈지 갈피를 못 잡고 있었다. 부모님의 강권으로

i

마지못해 복학을 했지만, 연구실 생활이나 전공에는 크게 마음이 없었다. 그러던 나를 도시계획의 길로 잡아 준 과목이 고 강병기 교수님의 도시계획사 수업이었다. 82학번 정학균 선배를 비롯해, 한국교통대의 권일, 류상규 교수, 강릉원주대의 임동일 교수, 한양대의 최창규 교수가 함께 수업을 들었다. 지금도 보관하고 있는 그때의 수업자료를 보면 교수님의 하얀 머리와 카랑카랑한 음성, 학우들의 그리운 얼굴이 떠오른다. 강 교수님은 수업시간 모두(冒頭)에 도시계획의 역사는 사회주의의 역사와 연결된 탓에 그동안 공식적으로 수업을 개설할 수 없었다고 말씀하셨다. 나름 강렬한 사회의식을 갖고 있었던 나는 그때 앞으로 이 분야를 계속 공부해야겠다는 생각을 했다. 그때도 비전이 그리 좋지 못하다는 것은 알았지만, 결국 부동산 투자로 큰돈을 벌지도 못했고 배움을 이어가겠다는 후학도 많지 않은 것이 현실이다. 그래도 하고 싶은 공부를 했기에 후회는 없다. 가족에게는 미안하지만, 내 능력에 그 나마 이 정도라도 앞가림하는 것을 늘 감사하며 살고 있다.

역사 책 중에는 사기열전(史記列傳)이 가장 인상 깊다. 춘추전국시대를 견뎌낸 다양한 인간 군상들의 모습이 파노라마처럼 그려져 있다. 아버지의 유지를 받들어 궁형이라는 치욕을 당하면서도 끝내 사기를 완성한 사마천(司馬遷)의 이야기도 드라마틱하다. 문득 근대라는 격동의 시대를 배경으로 도시계획이라는 새로운 분야에서 활약했던 인물들의 모습을 그려보고 싶다는 생각이 들었다. 대학원 도시계획사 수업에서 다루었던 오웬, 푸리에, 하워드, 르 꼬르뷔제의 이야기를 사람들에게 널리 알리고 싶다는 생각이 들었다. 그리스 신화의 이카로스(Icarus)처럼 실패를 두려워하지 않고 현실의 장벽에 도전했던 그들의 영웅담을 그려보고 싶었다. 코로나 사태의 장기화로 몰입해서 글을 쓸 수 있는 시간을 낼 수 있었던 것이 불행 중 다행이었다.

이 책은 돌아가신 강병기 교수님께 바치는 헌사다. 지도교수는 아니셨지만(지도교수가 아니었기에), 늘 칭찬으로 격려해주셨던 인자한 모습을 지금도 기억한다. 소심한 성격 탓에 논문심사장에서 그리고 유학 추천서를 써주실 때 격려와 칭찬을 아끼지 않으셨던 교수님께 감사하다는 말씀 한번 제대로 올리지 못했다. "말보다 글이 좋다"고 격려해주셨지만, 타고난 게으름 탓에 이순을 바라보는 나이가 되도록 별다른 성과를 남기지 못한 것이 늘 죄송할 따름이다.

역사의 주인이 사람이라는 점에서 필자는 이 책을 통해 서구 근대 도시계획의 역사가 모두 조감된다고 감히 생각한다. 따라서 이 책이 도시공학과/도시계획학과 학부 고학년 및 대학원 도시계획사 수업의 교재로 사용되기에 부족함이 없다고 자부한다. 이 책은 또한 인물에 대한 평전이라는 특성 상 도시에 관심 있는 일반 독자들도 흥미를 갖기에 충분한 내용을 담고 있다고 생각한다. 근대 도시계획의 울림이 시간을 넘어 오늘날까지 이어지고 있다는 점에서 이 책은 단순한 과거의 이야기라기보다 진행형의 사건을 담고 있다. 필자는 독자들께서 이 책에 수록된 인물들과의 진지한 교감을 통해 도시계획의 참 가치를 이해해주신다면 그보다 더 큰 기쁨이 없을 것이라 희망한다.

이 책이 나오기까지 많은 분의 도움을 받았다. 일일이 성함을 열거하지 못함에 죄송하다는 말씀을 드린다. 일상에서 늘 든든한 버팀목이 되어주시는 한양대학교 김홍배 교수님과 끊임없는 지적 자극을 통해 필자의 무지와 나태함을 일깨워 준 한양대학교 최창규, 이수기, 고준호 교수님, 홍익대학교 천상현 교수님께 고마움을 전한다. 선생의 부족함을 무한한 인내와 지혜로 채워준 연구실 1호 박사 OCS도시건축사사무소의 정다운 이사와 한양대학교 도시공간계획연구실의 연구생, 졸업생 모두에게도 지면을 빌려 감사의 인사를 드린다. 『도시계획가를 위한 계획이론』에 이어 이 책의 출간을 흔쾌히 수락해주신 박영사 경영진, 오치웅 대리님과 편집에 애써주신 전채린 과장님께도 깊은 감사의 말씀을 전한다.

24년 세월 동안 고락을 함께 해준 아내 혜경, 아들 상민에게 고맙다는 단어는 너무 부족하다는 느낌이다. 역사책 읽기의 즐거움을 알려주신 어머니, 학자로서의 길에 모범을 보여주신 아버지, 팔순 연세에도 늘 활기차게 생활하시는 장모님께 이 책이 작은 즐거움이 될 수 있다면 그보다 값진 일은 없을 것이다.

흔히들 책을 쓰는 과정을 산고에 비유한다. 하지만 필자에게 이 책을 집필한 지난 몇 달은 꿈을 꾸는 시간과 같았다. 현실에서는 만날 수 없는 내가 존경하는 이들에게 질문을 하고 대화를 나누는 꿈. 다시 이런 행복한 시간을 가질 수 있을까 생각하니 문득 비감해진다.

"당신을 부르는 내 목소리
키 큰 미류나무 사이로 잎잎이 춤춥니다"*

2021년 5월

비오는 오후 살곶이 다리를 바라보며

필자 씀

---

* 이성복의 '서시' 중에서.

• 차 례 •

Chapter 04
근대 도시계획의 아버지: 에버니저 하워드

Chapter 05
도시계획, 학문과 제도의 옷을 입다

Chapter 06
미국의 분산주의자들(Decentrists)

Chapter 07
근대 도시계획의 화양연화

Chapter 01

서론: 근대와 근대 도시계획

많은 학자들은 대체로 15세기 말 콜럼버스의 신대륙 발견으로부터 1945년 제2차 세계대전까지의 시기를 근대로 규정한다(Bentley and Ziegler, 2008). 하지만 이 시기 중 중세로부터 이어지는 17~18세기를 따로 떼어서 '근세(early modern period)'로 세분하는 것이 역사학의 통례이기 때문에, 이 책에서는 19세기 이후 20세기 초까지의 시기[1]만을 한정해서 근대로 보고자 한다.

이 시기에는 계몽정신과 산업혁명을 기반으로 시민 민주주의와 자본주의 경제체제의 비약적인 발전이 이루어졌다. 전례 없는 과학 지식의 진보는 이전 시기 종교와 비이성에 질곡되어 있던 인간에게 세상을 보는 밝은 빛을 안겨주었다. 자연에 대한 이해의 심화는 신화와 맹신의 동굴로부터 인간을 자신감의 세상으로 이끌어냈다. 바야흐로 인간은 현실 세계의 신으로 등장하게 된다. 이러한 과정에서 자연[2]은 더 이상 두려움의 대상이 아닌 지배와 정복의 대상으로 바

---

1) 이 시기는 통상 'late modern period'로 지칭된다.

2) 여기서 말하는 '자연'에 야만으로 이해되는 비(非)백인과 그 문화가 포함된다는

뀌게 된다(Schama, 1995).

하지만 근대는 특정 시기보다 사고(思考) 체계로서 이해되는 것이 일반적이다. 이러한 배경에서 우리는 근대(modern era)라는 용어보다 '근대성(modernity)', '근대화(modernization)', '근대정신(modern spirit)'이라는 표현을 즐겨 쓴다. 따라서 근대의 시기가 지났음에도 오늘날까지 근대는 유령처럼 우리 주위를 배회한다. 합리성과 이성, 과학적 사고, 진보, 발전, 자본주의, 민주주의는 모두 근대정신의 산물들이다. 하버마스의 표현처럼 근대정신은 오늘날까지도 우리 사회가 추구하고 견지해야 할 제일의적(第一義的) 기준이며 가치로 남아 있다(김흥순, 2021). 물론 서구 제국주의와 식민주의, 인종주의, 전체주의, 남성중심주의 같은 별종들도 근대의 산물임을 부인할 수는 없다.

'더 나은 세상'은 근대정신의 구체적인 슬로건이다. 따라서 유토피아의 추구는 근대정신이 내포한 필연적 지향점이라 할 수 있다. 그러한 측면에서 인간에게 더 나은 생활공간을 제공하는 것을 목표로 하는 도시계획은 근대정신의 적자라 할 만하다. 시기적으로도 19세기경에 그 맹아가 등장했다는 점에서 우리는 '근대 도시계획'이라는 표현을 즐겨 쓴다. 근대 도시계획은 앞서 언급했던 근대정신의 밝은 면과 어두운 면을 모두 갖고 있다. 근대 도시계획 안에는 합리성을 토대로 더 나은 세상을 만들기 위해 분투하는 모습과 함께, "좋은 세상이란 이런 것이다"라는 일부 엘리트의 선험적 판단 위에 인간에게 틀에 맞춰진 공간을 강요하는 억압적 모습이 모두 공존한다. 오늘날까지도 계속 이어지고 있는 이러한 도시계획의 모순적 양면은

사실을 주지할 필요가 있다. 따라서 제국주의는 백인들의 자연 지배의 연장으로 이해할 수 있다.

종종 진보와 억압이라는 근대성의 야누스적 성격을 잘 보여준다(김
흥순, 2007).

근대는 무수한 천재들이 명멸했던 '영웅시대'였다. 이유는 잘 모
르겠지만, 분명한 것은 급속한 변화가 이루어졌던 이 시기에 모든
분야에서 무수한 천재와 영웅들이 등장했다는 사실이다. 음악 분야
의 경우만 봐도 우리가 아는 클래식 작곡가의 전부는 근대 시기에
등장했던 인물들이다. 도시계획 분야도 예외는 아니다. 도시계획 교
과서에 이름을 남긴 많은 선각자들이 근대 시기에 등장했다. 그들은
그들이 생각하는 '근대정신'을 도시공간에서 체현하기 위해 실패를
두려워하지 않고 세상에 도전했다.

이 책에서는 10여 명의 도시계획 영웅들을 다룬다. 흥미로운 것
은 이들 중 스스로를 도시계획가로 인식했던 이는 애버크롬비(P.
Abercrombie)나 페리(C. Perry), 데비도프(P. Davidoff) 정도에 불과하고
나머지는 자신이 하는 작업이 도시계획 활동임을 인식조차 못했던
이들이 많다는 것이다. 이들은 스스로를 사회개혁가(R. Owen, C.
Fourier, E. Howard), 또는 건축가(T. Garnier, D. Burnham, Le Corbusier),
행정가(G. Haussmann, R. Moses), 과학자(P. Geddes), 저술가(J. Jacobs)
로 이해했다.

따라서 필자는 이들을 도시계획가라고 부르지 않고 '도시계획
영웅'이라는 호칭으로 부르고자 한다. 하지만 그들의 자기 정체성 이
해가 그들의 행위가 도시계획 활동이 아니었음을 의미하는 것은 아
니다. 필자는 이들 도시계획 영웅들의 자기 이해가 도시계획의 다양
한 얼굴을 보여주는 증거라고 생각한다. 필자는 그들이 자신의 방식
으로 도시계획 활동을 했으며, 그 행위를 통해 근대 도시계획의 유

산을 풍요롭게 했다고 생각한다. 이제 근대 도시계획 영웅들의 모습
을 찾아 떠나는 여행을 시작하자.

Chapter 02

근대 도시계획의 태동

최초의 프롤레타리아트 운동을 따라다녔던 혁명적 문헌은 그 내용상 필연적으로 반동적이다. 그 문헌은 전반적 금욕주의와 조잡한 평등주의를 설교하였다. …… (그들에게는) 사회적 활동 대신에 환상적 조건들이, 점진적으로 이루어지고 있는 프롤레타리아트의 계급으로의 조직화 대신에 (그들에 의해) 특별히 고안된 사회조직이 나타나지 않을 수 없다. 다가오는 세계사는 그들에게는 사회계획의 선전과 실천적 실행으로 귀착된다. …… 그들은 자신들이 저 계급 대립을 완전히 초월해 있다고 믿는다. 그들은 모든 사회 성원들의 생활처지를, 또한 가장 좋은 처지에 있는 성원들의 생활 처지도 개선하려고 한다. 그러므로 그들은 아무런 차별도 두지 않고 사회 전체에, 아니 그중에서도 특히 지배 계급에게 호소한다. (그들의 의견에 따르면) 사람들이 그들의 체계를 이해하기만 하면, 그 체계를 있을 수 있는 가장 좋은 사회에 대한 있을 수 있는 가장 좋은 계획이라고 인정하게 될 것이다(마르크스·엥겔스, 1991: 429-430).

1. 마르크스와 공상적 사회주의

　'공상적 사회주의자(Utopian Socialist)'라는 명칭을 최초로 사용한 이는 마르크스와 엥겔스였다. 그들은 『공산당선언』에서 생시몽, 푸리에, 오웬 등의 사회주의자들을 공상적 사회주의자라고 호칭했다.[3] '공상적'이라는 표현은 'utopian'에 대한 일본인들의 번역인데, 마르크스가 원래 생각했던 경멸적 의미를 잘 담고 있다고 생각된다. 하지만 utopian이라는 표현을 가치중립적으로 해석하면 이상주의적이라는 뜻으로도 해석할 수 있다. 따라서 일각에서는 이들을 '이상주의적 사회개혁가' 또는 가치중립적으로 '유토피아 사회주의자'로 부르기도 한다(민유기, 2007).

앞의 인용에서 볼 수 있는 것처럼 공상적 사회주의자들은 마르크스주의자들과 달리 사회구조를 변혁하기보다 사회적 약자들의 생활처지를 개선하기 위해 여러 가지 방안(계획)을 제시하고 이것을 실현하고자 하거나 지배계급이 받아들이도록 요청함으로써 더 나은 세상을 만들고자 노력했던 이들이다. 이들은 계급투쟁이나 노동자 계급의 조직화가 아닌 인류애적 노력을 통해 더 나은 평등세상을 만들어야 한다는 생각을 갖고 있었다. 당연히 마르크스주의자들의 관점에서 이들은 몽상주의자들이며 동시에 근본적인 사회혁명을 가로막는 반혁명 세력으로 치부되었다.

하지만 우리는 이들이 뿌린 더 나은 세상을 만들기 위한 여러 가지 씨앗(아이디어)들이 근대 도시계획의 뿌리가 되었다는 사실에 주목해야 한다. 이후에서는 공상적 사회주의자들의 이상도시안이 등장한 배경과 그 내용에 대해 알아보고자 한다.

2. 급속한 도시화와 공중위생법의 제정

산업혁명은 급속한 공업화와 도시화, 인구증가를 초래했다.

---

3) 마르크스는 자신의 사회주의를 '과학적 사회주의'라고 불렀다.

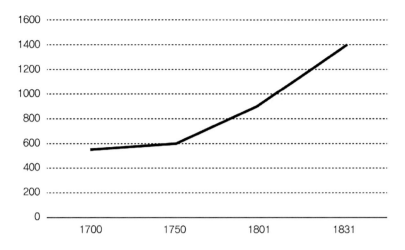

그림 2-1 잉글랜드와 웨일즈의 인구변화(단위: 만명)

그림 2-1은 매장 및 세례 기록을 근거로 추정한 잉글랜드와 웨일즈의 인구변화이다(Benevolo, 1975: 1). 그림 2-1은 1800년경부터 인구의 가파른 증가가 이루어졌음을 보여준다.

그러나 인구총량의 증가보다 더 주목해야 할 부분은 한정된 공간에 인구가 집중되는 도시화의 문제이다. 1800년 이전까지 영국은 사실상 농업국가였다. 도시화율은 20%에 불과했다. 그러던 것이 19세기 들어 급격한 공업화와 함께 도시화가 이루어졌다. 농촌에 거주하던 많은 사람들이 자의 또는 타의에 의해 도시로 유입되었다. 농경지로 이용되던 공유지로의 접근권한이 부인되면서 농지를 잃은 많은 농민(peasant)들이 도시로 유입되었다. 농지는 후일 부르주아로 성장하는 젠트리(gentry)들에 의해 목초지로 용도 변경되었고, 도시로 유입된 농민들은 공장노동자, 프롤레타리아트가 되었다. 우리는 이를 인클로서 운동(Enclosure Movement)이라 한다.

영국에서 도시화율은 1851년 54%, 1892년 72%, 1911년 79%를 기록했다(손세관, 1993: 226). 1911년까지 전체인구는 4배가 증가한 반면, 도시인구는 9.5배가 증가했으며, 1851년부터 1911년까지 전체인구는 2배, 도시인구는 3배로 증가했다. 19세기 이전까지 영국에서 인구 10만 명 이상 도시는 런던 하나뿐이던 것이 1851년에는 모두 10개로 늘어났으며, 1911년에는 그 수가 36개에 이르게 된다. 특히 런던의 경우 1801년 100만 명이던 인구수가 1851년 240만 명을 거쳐, 19세기 말 650만 명으로 100년 만에 여섯 배 증가를 기록했다(프램튼, 2017: 34).

파리의 인구 증가세 역시 런던과 비슷해서 1801년 50만 명이던 인구가 1901년 300만 명으로 늘어났다(프램튼, 2017: 34). 하지만 가장 급격한 인구증가를 기록한 도시는 신흥공업도시 뉴욕이었다. 1801년 3만 3천명이던 인구가 1850년 50만 명, 1901년 350만 명으로 증가했다. Talen(2005: 115)은 당시 뉴욕의 인구밀도가 런던보다 30%나 더 높았다고 보고한다. 따라서 급격한 인구증가는 19세기 모든 서구 산업도시의 공통적인 현상이었음을 알 수 있다.

급격한 인구증가 및 도시화는 자연스럽게 생활환경의 악화로 이어졌다. 특히 맨체스터와 같은 공업도시의 경우 열악한 노동조건에 더해 매우 비참한 생활환경을 갖고 있었다. 우선 마땅한 교통수단이 없었기에 공장 주변에 거처를 정해야 하는 상황에서 공장에서 배출되는 오염물질은 열악한 환경을 이루는 기본요인이 되었다. 하지만 더 큰 문제는 거주공간의 부족이었다. 쏟아져 들어오는 유입인구로 인해 지하주거(cellar dwelling)처럼 주거라고 부를 수 없는 공간들이 주거로 활용될 정도로 주거환경이 열악했다. 그나마 있는 거주

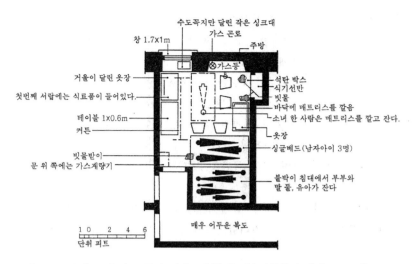

창 1.7x1m
수도꼭지만 달린 작은 싱크대
가스 곤로
주방
거울이 달린 옷장
석탄 박스
식기선반
첫번째 서랍에는 식료품이 들어있다.
빗물
바닥에 매트리스를 깔음
소녀 한 사람은 매트리스를 깔고 잔다.
테이블 1x0.6m
커튼
옷장
싱글베드(남자아이 3명)
빗물받이
문 위 쪽에는 가스계량기
불박이 침대에서 부부와
딸 둘, 유아가 잔다
1 0 2   4   6
단위 피트
매우 어두운 복도

그림 2-2 글래스고우의 노동자 임대주택(왕립 건축가협회지 게재 1948년)

공간도 매우 과밀하고 비위생적인 상황에 놓여 있었다.

셋집은 중산층이 교외로 떠나면서 남겨진 기존 주택을 방별로 나누어 세를 놓은 것인데, 1841년 런던의 한 주거지역에 대한 조사에 따르면 주택당 40명이 거주한다는 보고가 있었다(손세관, 1993: 232). 15㎡ 정도의 단칸방에 10여 명이 거주하는 것이 일반적이었다. 초과밀 거주지의 경우 $10 \sim 12ft^2(1m^2)$의 단칸방에 한 가구가 사는 경우도 많았는데, 하나의 가구는 대부분 부부와 어린이, 조부모로 구성되어 있었다. 심지어 $400yd^2(330m^2)$의 주거지에 12,000명이 거주했다는 믿기 어려운 기록도 있다. 침대 하나에 4~6명이 예사로 쌓아올려졌다(엥겔스, 1988). 노동자들의 거주지에는 햇볕이 들지 않았고, 통기도 되지 않았다. 상하수도는 물론 없었고 포장이 되지 않은 길은 오물루 가득 찬 진흙 밭이었다. 장시간 저임금 노동에 더해 이러한 주거환경에서 하층 노동자들은 술에 취해 하루하루를 희망 없이 살아

그림 2-3 L'Absinthe
by Edgar Degas(1876)

가고 있었다(그림 2 – 3).

과밀지역에서 가장 큰 문제는 상하수도의 문제였다. 화장실과 오물처리의 문제, 마실 물의 문제가 심각했다. 런던의 한 주거지역의 경우 하나의 공동변소를 380명이 이용했다는 기록이 있다(손세관, 1993: 233). 런던의 하수구는 원래 우수용(雨水用)이었고 분뇨는 따로 수거했는데, 인구가 급증하면서 수용능력을 초과했고 사람들은 분뇨를 아무렇게나 배출하게 되었다. 시내 전체가 악취로 가득찼다. 특히 1830년 수세식 변기가 보급되면서 템즈강 (Thames)은 그 자체로 분뇨통이 되어버렸다. 문제는 템즈 강물이 수돗물과 직간접적으로 연결되어 있었다는 것이다. 더욱이 관로를 이용하는 상수공급 가구가 1821년 전체가구의 2/3에 불과해서, 런던은 수돗물 오염에 대단히 취약한 구조를 갖고 있었다.

이러한 상황에서 수인성 전염병이 주기적으로 발생했고 많은 사망자가 발생했다. 1848년 콜레라 발생으로 런던에서 14,789명이 사망했다. 열악한 노동조건과 거주환경으로 인해 사람들이 소모품처럼 소비되었다. 일례로 1880년대 맨체스터 거주자의 기대수명은 평균 29세로 보고된다(조재성, 2020: 66). 대단히 불평등한 사회였지만 콜레라는 사람의 계급이나 주머니 속의 돈으로 사람을 차별하지 않았다. 1861년에는 빅토리아 여왕의 남편인 알버트(Albert) 공이 콜레라로 사망했다.

그림 2-4 더들리 가(Dudley St.) by Gustave Dore(1872)

그림 2-5 고가철도에서 내려다본 런던 by Gustave Dore(1870)

이러한 상황에서 1848년 채드윅(Chadwick)을 중심으로 한 일군의 정치인과 지식인들의 주도로 지방정부가 적정 수준의 위생시설과 배수시설을 설치할 것을 규정한 공중위생법(Public Health Act)이 제정되었다.[4] 환경악화로 인한 사회전체의 위기에 대한 위로부터의 개혁이었다. 공중보건에 관한 사항이 주된 관심이었지만 보건환경의 개선을 위해서는 건조환경의 개선이 필수적이라는 인식을 했다는 점에서 오늘날 도시연구자들은 공중위생법을 근대 도시계획법의 모태로 평가한다.

공중위생법의 제정은 자연질서라고 생각했던 자유방임주의(laissez-faire)에 대한 중대한 도전이라는 점에서 수정 자본주의의 시작이라고도 평가할 수 있다. 자본주의가 태동한 영국에서 19세기까지 사유재산권과 간섭 없는 경제활동의 자유는 천부의 권리로 인정되었으며, 자유주의 사상의 토대를 이루었다. 공중위생법은 개인의 사유재산권과 경제활동의 자유가 무제한의 권리가 아니라 공동체의 존속을 위해서는 제한 받을 수 있는 한정적 권리임을 천명했다는 점에서 큰 의의를 갖는다.

3. 공상적 사회주의자의 유토피아 운동

19세기 급속한 산업화와 이에 따른 도시화는 근대 도시계획이 태동하게 된 배경이었다. 앞에서 살펴본 공중위생법이 위로부터의 개혁의 산물이라면, 공상적 사회주의자들이 구현하고자 한 이상촌(理想村)은 아래로부터의 개혁의 산물이라고 평가할 수 있다. 공상적

---

4) 같은 해인 1848년 마르크스와 엥겔스는 『공산당선언』을 발표했다.

사회주의자로 분류할 수 있는 이들은 다수가 있지만 여기서는 가장 대표적인 인물로서 로버트 오웬과 샤를 푸리에 두 사람만을 살펴보고자 한다. Friedmann(1987: 229)은 이들 두 사람을 '계획된 공동체(intentional communities)'를 만들고자 시도했던 '계획가'로 평가한다. 이들 두 사람과 함께 이들에 대한 설명의 연장에서 버킹엄과 고댕에 대해서도 간략히 살펴보겠다.

1) 로버트 오웬

(1) 사상과 이상촌 개념

웨일즈 출신의 자수성가한 자본가인 로버트 오웬은 공상적 사회주의를 대표하는 인물이다. 그는 자본가와 노동자의 이익을 조화롭게 결합함으로써 유기적 공동체(organic community)를 이룰 수 있다고 생각했다(Friedmann, 1987: 230). 그는 노동자의 행복이 결과적으로 생산성의 향상과 수익증진으로 연결되므로 자본가에게도 바람직한 결과를 가져온다고 주장했다. 그는 환경을 바꿈

그림 2-6 로버트 오웬

으로써 인간행동을 변화시키고 이를 통해 더 나은 세상을 만들 수 있다고 믿는 환경결정론자(environmental determinist)였다(Benevolo, 1975: 40). 그의 이러한 환경결정론적 사고는 어린이 교육에 대한 강조를 통해 잘 나타난다(Harrison, 1972: 40).

오웬은 19세기 영국 노동자들의 열악한 상황을 타개할 방법으로 자족적 공동체의 구현을 주창했다. 오웬은 1,000~1,500acre(405~607ha)의 토지에 1,200명의 인구를 수용하여 공동체를 형성할

것을 제안했다.5) 마을의 주산업은 농업이지만 동시에 제조업을 함께 보유하는 것으로 구상되었다. 공동체에서 생산된 모든 재화는 공동체 내 모든 구성원들에게 공평하게 분배된다. 오웬은 노동과 그 성과를 공동체가 함께 경험해야 한다고 생각했다. 모든 구성원은 아파트 형태의 건물에 함께 모여 사는 것으로 계획되었다. 각각의 가족은 각자의 주호(住戶, living unit)에 거주한다. 아이들은 지역사회에서 공동 양육되며 부모와의 접촉은 가능한 한 제한되었다. 이는 어른들의 나쁜 습관을 차단하여 건전한 시민을 양성하고자 한 의도로 이해할 수 있다(Benevolo, 1975: 43).

마을의 구조 및 형태는 그림 2-7과 같다(Benevolo, 1975: 44). 하나의 마을은 정방형의 형태를 가지며, 농지에 의해 다른 마을과 분리된다. 농지는 800~1,500acre 규모로 주민 1인당 1 acre의 경작지 배분이 계획되었다(윤장섭, 2004: 94). 정방형의 마을 중앙에는 공용건물이 위치하는데, 공동취사장과 식당이 입지해 있다. 자연스럽게 취사와 식사는 공동으로 이루어진다. 오른쪽 건물에는 유아원과 휴게실, 예배당이 위치하며, 왼편 건물에는 고학년 어린이를 위한 학

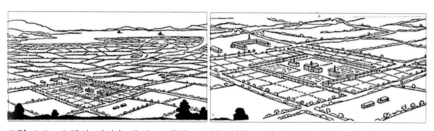

그림 2-7 오웬의 이상촌 구상: 오른쪽 그림은 왼쪽 그림의 중앙부분을 확대한 것임

5) acre당 1인이라는 인구밀도는 이후 프랭크 로이드 라이트(Frank Lloyd Wright)의 브로드에이커 시티(Broadacre City) 계획에 수용된다(Benevolo, 1975: 84).

교와 회의실, 도서관, 어른들을 위한 방이 있다. 빈 공간은 여가 및 운동을 위한 공간으로 활용된다. 사변형의 각 면에는 가족을 위한 아파트가 있다. 단위 주호의 규모는 부부와 자녀 2명을 수용할 정도로, 2명 이상의 자녀나 3세 이상 아동을 위해서는 별도의 기숙사가 있다. 농지를 사이에 두고 건너편에 공장을 위치시킴으로써 기능분리를 의도했다.

오웬은 자신의 아이디어가 사회 전반을 재구성하는 최선의 방안이라고 믿었고, 그의 비전을 '새로운 도덕 세계(New Moral World)'[6]라고 명명했다(Gugin, 2015). 우리는 이를 통해 그가 사회주의자이기 이전에 도덕적 규범론자임을 알 수 있다. 그는 인간이(공동체가) 진리와 선을 추구하는 주체가 되어야 한다고 주장했고, 이를 실현하기 위해 교육이 필요하다고 역설했다.

오웬은 자신의 아이디어를 널리 알리기 위해 노력했다. 그는 자신의 아이디어를 신문에 게재했으며, 국회의원과 여타 유력자들에게 그의 기고문이 실린 신문을 발송했다. 하지만 사람들의 반응은 대체로 냉소적이거나 부정적이었다(Benevolo, 1975: 50). 대부분 오웬의 아이디어가 지나치게 이상적이어서 비현실적이라는 반응을 보였다. 부정적인 관점은 대체로 공동소유에 대한 비판, 그의 시도가 결과적으로 맬서스(Malthus)적 관점에서 노동계급의 통제되지 않는 인구증가를 초래할 것이라는 비판, 형태적 폐쇄성이 감옥처럼 억압적이라는 비판으로 집약된다.

---

6) 훗날 미국에 조성된 New Harmony는 오웬의 New Moral World 구상을 현실에 구현한 것이다.

(2) 이상촌의 건설

자신에 대한 비판을 뒤로 하고 자족적 노동 공동체를 직접 실현하기 위해 오웬은 900명의 추종자와 함께 1824년 미국으로 건너갔다. 이후 직간접적으로 다수의 프로젝트를 진행했는데 미국에서 최소 16개의 이상촌이 오웬주의자(Owenite) 또는 그 영향하에 건설된 것으로 보고된다(Harrison, 1972: 37). 그중 인디애나 주 뉴 하모니에 건설된 New Harmony는 오웬이 이룬 가장 야심찬 성과로 평가된다.

오웬은 1825년 자신의 자금을 사용하여 인디애나 주의 Wabash 강을 따라 수천 에이커의 토지에 180개의 건물이 있는 기존 마을을 구입했다. 오웬은 이 지역을 New Harmony로 이름을 바꾸고 마을을 자신의 구상에 따라 유토피안 커뮤니티로 조성했다(Gugin, 2015). 오웬은 영국에서처럼 미국의 유력가들에게 그의 사회주의 비전을 호소했다. 오웬은 1825년 두 차례에 걸쳐, 미국 하원에서 의원과 관료들

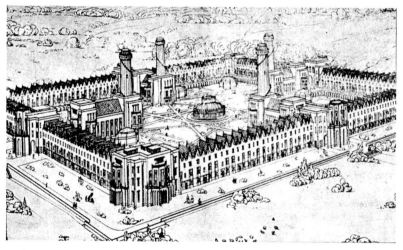

그림 2-8 오웬의 뉴 하모니 구상

을 대상으로 한 연설을 통해 유토피아 공동체에 대한 그의 비전과 그의 사회주의 이념을 설명했다(Gugin, 2015: 269-270).[7]

오웬은 유력자들의 도움을 받아 뉴 하모니를 교육개혁과 과학연구 및 예술의 중심지로 조성하고자 노력했다(Gugin, 2015: 269-270). 하지만 그의 웅대한 계획은 결국 실패로 끝났고 오웬은 영국으로 돌아가게 된다. 뉴 하모니는 조성 첫해에 천명 이상의 주민들을 유치하는 성과를 올렸지만, 1827년까지 약 2년간 지속되는 동안 경제적으로 파산했다(Baldus, 2014). 오웬은 뉴 하모니의 실패로 인해 파산했고 죽을 때는 거의 무일푼이었다(Rees, 2007).

십여 군데에 이르는 미국 내 다른 프로젝트들도 대부분 1827년 4월 뉴하모니가 해체되기 전에 실패로 끝났다(Branigin, 1972: 20). 사회실험은 1825년 이후 스코틀랜드와 아일랜드, 잉글랜드에서 다시 재개되었지만 모두 실패로 끝났다(Garnett, 1972).

(3) 평가

오웬은 일관되게 자족적 공동체의 실현을 주장했다. 공동체가 먹고사는 문제의 해결을 위해 스스로 농사를 지을 것과 필요한 물품을 조달하기 위해 일정한 제조업을 보유해야 한다는 구상을 제시했다. 그가 자족적 공동체를 주장한 배경에는 악에 물들어 있는 현실 세계에 맞서기 위해서는 외부와 차단된 폐쇄적(자족적) 공동체가 필요하다는 그의 생각이 자리 잡고 있다. 그림 2-8에서 볼 수 있듯이 오웬의 공동체는 외부에 맞서는 성채처럼 만들어졌다. 오웬의 자족

---

7) 그 연설이 관개에는 세 명의 전직 대통령(존 애덤스, 토머스 제퍼슨, 제임스 매디슨)과 후일 대통령이 되는 제임스 먼로, 그리고 대통령 당선자인 존 퀸시 애덤스가 포함되어 있었던 것으로 알려진다(Harvey, 1947: 99-100).

성에 대한 강조는 하워드의 전원도시를 거쳐 이후 단위 도시 조성의 대원칙으로 자리 잡고 오늘날까지 이어지고 있다.

오웬의 도농통합 개념은 마르크스·엥겔스(1991: 420)가 『공산당선언』에서도 주장한 개념으로 그들의 사상적 간극이 생각만큼 크지는 않음을 보여준다. 도농통합 아이디어는 이후 하워드에 의해 계승되어 오늘날까지 유력한 계획 개념으로 활용되고 있다.

오웬의 마을을 둘러싼 농경지 개념은 하워드에게로 이어지고 애버크롬비의 대(大)런던계획에서 그린벨트 개념으로 구체화된다. 오웬의 농경지는 자족성 확보의 수단으로 도입되었으나 오늘날 계획에서는 경계설정에 의한 효율적인 도시성장관리의 중요한 도구로 활용되고 있다. 이처럼 오웬의 아이디어는 원래의 의도와 무관하게 영국 도시계획의 토대를 형성했으며, 이후 전세계로 퍼져나가 오늘날 도시계획의 대원칙으로 활용되고 있다.

오웬은 집약농법의 열렬한 옹호자로 주민들이 배분된 토지에서 기계를 사용하지 않고 손으로 직접 경작을 해야 한다고 주장했다(윤장섭, 2004: 94). 이는 기계가 인간의 고용을 잠식한다는 오웬의 신념 외에 자족성의 실현,[8] 공동체 의식의 함양[9])이 고려된 발상으로 보이나, 결과적으로 이상촌의 경제적 실패를 초래한 주요 요인으로 작용한다.

노동과 소유에 대한 오웬의 인식은 사회주의자로서의 그의 면모를 보여준다. 그는 공동노동과 공정한 분배를 주장함으로써 노동과 분배 과정에서 나타날 수 있는 소외를 극복하고자 했다. 공동체

---

8) 기계도입에 따른 외부의존을 배제할 수 있다.
9) 두레에서처럼 집단 노동을 통한 공동체 의식의 함양을 기대할 수 있다.

의식의 제고를 위해 공동취사와 공동식사를 제안했는데, 이는 훗날 중국의 인민공사(人民公社) 프로젝트에도 적용된 아이디어이다.

오웬의 풍부한 상상력과 지칠 줄 모르는 도전은 귀감이 될 만하지만, 그의 실험은 결국 실패로 평가할 수밖에 없다. 실패의 이유는 다음과 같은 관점에서 설명된다. 첫째, 인간본성에 대한 고찰이 부족했다(Paden, 2002). 인간은 이기적인 존재인데, 이를 무시했다는 점이 가장 큰 실패요인이라고 할 수 있다. 환경결정론적 관점에서 유토피아 공동체를 만들면 자동적으로 인간이 바뀔 거라 생각했지만 이는 대단히 순진한 발상으로 인간은 환경 이상으로 본성(이기심)에 의해 좌우된다는 사실을 간과했다고 평가할 수 있다. 개인소유의 부정과 각 개인에게 부과되는 노동일(Arbeitstag)[10]의 상호비교는 공동체 내에서 구성원들이 부딪히는 가장 첨예한 문젯거리였다. 천사가 아닌 인간들은 자연스럽게 유토피아 공동체 내에서 끊임없이 반목했다 (Estabrook, 1923: 68). 오웬의 이상촌은 유토피아가 아니라 세상의 축소판에 불과했다.

둘째, 치밀한 분석과 계산이 아닌 사람들의 선의와 도덕에 호소하는 접근은 결국 실패로 끝날 수밖에 없음을 보여주었다(Paden, 2002). 셋째, 사회전체의 구조적 개혁이 아니라 한정된 지역을 대상으로 자족적 공동체를 만드는 이상은 실패할 수밖에 없음을 보여주었다. 자족적 공동체 역시 세상의 일부로서 세상의 영향을 받지 않을 수 없기 때문이다. 넷째, 오웬의 공동체는 지나치게 폐쇄적이고 권위주의적이었다. 마을을 세상으로부터 격리시킨다든지, 3세 이상의 어린이를 부모에게서 떼어놓는다는 발상에서 볼 수 있듯이 발상

---

10) 노동자가 하루 중에서 일하는 시간의 합계.

자체는 나름 이유가 있었지만 그 실현 방식이 개인의 자유를 억압하고 지나치게 경직적이었음을 부인할 수 없다. 다섯째, 오웬의 유토피아 공동체에 들어온 대부분의 사람들은 사회에 적응하지 못한 방랑자나 게으른 이상주의자들이었다(Clayton, 1908). 그런데 공동체의 생활은 고상한 이상이 아니라 고단한 현실을 이겨내는 것의 문제였다(Kostof, 1991: 200). 이념과 이론에 대한 논쟁은 많았지만 실제 무엇을 만들어 내는 데에는 전적으로 무력했기에 유토피아 공동체는 파산할 수밖에 없었다.

(4) 버킹엄과 빅토리아

버킹엄(James Buckingham: 1786~1855)은 영국의 작가, 언론인, 정치인, 여행가로 1849년에 발간된 *Utopia*에서 그의 이상도시 빅토리아(Victoria)[11] 구상을 소개한 바 있다. 그의 구상은 전래의 이상도시 개념과 함께 일정 부분 오웬의 영향을 받은 것으로 보이나 보다 현실적이고 기술적인 고려의 산물이라는 점, 노동계급이 아닌 부르주아 계급의 관점에서 만들어진 이상도시라는 점에서 오웬의 구상과 차이가 있다(Benevolo, 1975; 멈포드, 2010: 139). 따라서 빅토리아는 이후 기업주도로 건설되는 컴퍼니 타운(company town)의 시초로 볼 수 있다.

버킹엄의 계획은 오웬의 계획보다 훨씬 구체적이라는 점에서 기술적으로 진일보하였다는 평가를 받는다. 그의 이상도시는 인구 1만명, 면적 1.5km²의 규모로 계획되었다. 도시구조는 정사각형이 중첩된 방사환상형 가로체계로 질서와 대칭, 공지와 건강, 공기와 햇빛, 배수가 강조되었다. 중심부에 공공건물과 교회를 위치시켰고 공장은

---

11) 여왕의 이름을 따서 만들었다(Kostof, 1991: 201).

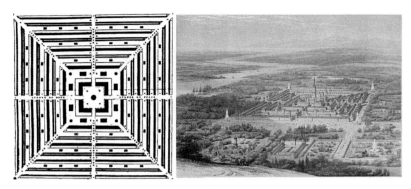

그림 2-9 버킹엄의 빅토리아 기본구상(좌) 및 조감도(우)

외곽에 배치하였다. 버킹엄은 당시 노동자 거주지의 과밀하고 비위생적인 환경을 개선한다는 발상에서 맑은 공기와 햇빛의 원활한 소통을 강조했다. 이를 위해 방사형의 광로를 구상했으며, 공장을 도시주변부에 위치시켰다. 중심부에는 부유층, 주변부에는 노동자 거주지를 계획하였다. 이러한 배치는 지가와 접근성을 고려한 계획으로볼 수 있다(Talen, 2005: 173). 도시 외곽에는 4천ha의 농지를 배치하여 도시를 에워싸도록 했다.

도시구조 측면에서는 비트루비우스(Vitruvius) 이래 이상도시에서 즐겨 사용되어온 방사환상형 가로체계를 채용했다는 점이 특기할만하며, 도시가 사변형의 형태를 갖는다는 점, 도시 주변에 농지를배치하고 공장을 도심으로부터 이격시켰다는 점, 폐쇄적이고 자족적인 도시구조를 추구했다는 점 등이 오웬의 구상과 유사한 측면이라고 평가할 수 있다. 버킹엄은 오웬과 유사하게 사회문제의 해결을위해 기존 도시가 아닌 완전히 새로운 토지에서 계획이 수행되어야한다고 주장했다.

버킹엄의 제안은 오웬의 구상과 마찬가지로 실성 부분 입동조합적 사회주의의 모습을 갖고 있다(멈포드, 2010: 140-141). 우선 빅토리아가 실업문제의 해결을 위한 대안으로 제시되었다는 점을 지적할 수 있다. 도시는 협회원들이 출자한 유한책임 협회에 의해 건설되고 관리된다. 모든 토지는 협회가 소유한다. 구성원의 사유재산은 부인되고 교육은 공동체가 책임진다. 세탁장, 부엌, 식당, 보육시설은 공동으로 운영된다.

차이점은 계층구분 없이 동일한 거주지에 사람들을 집적시킨 오웬의 구상과 달리 계층에 따라 거주지를 분리시켰다는 점이다. 빅토리아의 구상은 프랑스의 건축가 르두(Ledoux)가 쇼(Chaux)[12]에서 사용한 중심(자본가, 관리자)이 주변(노동자)을 감독하고 관리하는 개념이 적용된 것으로, 오웬 이념의 신보수주의적(New Conservatism)[13] 변용으로 볼 수 있다(Benevolo, 1975: 132). 버킹엄의 도시구상은 이후 하워드에게 영향을 미친 것으로 평가된다(Talen, 2005: 173). 멈포드

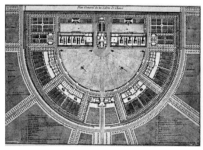

그림 2-10 르두가 계획한 반원형 제염소 계획(좌)과 이를 발전시킨 이상도시 쇼(우)

---

12) 르두의 구상은 벤담(Bentham)의 파놉티콘(Panopticon) 아이디어가 건축계획을 통해 구현된 것으로 볼 수 있다. 시기적으로는 르두의 구상이 파놉티콘보다 다소 앞선다.
13) Kostof(1991: 201)는 '자본주의적'이라는 표현을 사용한다.

(2010: 143-144)는 버킹엄의 제안이 현실 사회에 대한 보다 실질적인 필요로부터 출현한 구상이라고 평가한다. 반면에 Talen(2005: 173)은 버킹엄의 도시 개념이 사회주의적 유토피아와 관리형 컴퍼니타운의 중간 어디쯤에 있는 것이라고 평가한다. 그는 빅토리아가 기업의 이윤추구 목적으로 고안되었지만 그로 인해 노동자들도 혜택을 입을 수 있음을 인정해야 한다고 주장했다.

2) 샤를 푸리에

(1) 사상

프랑스의 자유주의적 사회주의자 푸리에(Charles Fourier: 1772-1837)의 사상은 매우 난해하다. 하지만 근대 건축과 도시계획에 미친 영향은 오웬보다 오히려 더 큰 것으로 평가된다. 푸리에는 점원 출신으로 영업활동을 하면서 사회에 대한 자신의 생각을 정립했다. 그의 사상은 과학적이기보다 시적(詩的)이고 일관성이 없다는 평가를 받는다 (Friedmann, 1987: 233). 그의 저술에는 사고의 비약과 독단적인 주장이 자주 등장한다(멈포드, 2010: 131).

그림 2-11 샤를 푸리에

그는 다른 공상적 사회주의자들과 달리 인간의 개조가 아닌 인간본성의 탐구에 주된 관심을 가졌다(멈포드, 2010: 132). 그는 현존하는 사회가 개인 또는 계급 간 경쟁을 기본으로 하고 있어서 부도덕하고 부조리하다고 주장했다(Benevolo, 1975: 56). 그는 공동체의 노력을 통해 이러한 문제를 해결한 '보편적 조화(universal harmony)'에 이를 수 있다고 주장했다. 푸리에의 사상에서 '조화'는 가장 중요한 키워드로 조화란 현실 세계에서의 구속과 이해상충을 없애고 타인의 권리와 이익을 존중하면서도 개인이 자유로운 만족을 보장받는 상태로 설명된다(Benevolo, 1975: 57).

(2) 팔랑주와 팔랑스떼르

푸리에가 제시한 유토피아는 인간 고유의 본성을 자유로이 기능하도록 하는 수단으로 구상되었다. 푸리에는 현실의 가장 큰 문제를 사회의 부조화에서 찾고 그의 유토피아를 통해 보편적 조화를 실현하고자 했다. 그것이 조화로운 협동체이다(멈포드, 2010: 133). 푸리에는 노동의 소외를 낳는 산업분화를 비판하면서 협동체의 조직을 통해 노동이 개개인의 욕구를 충족시킬 수 있다고 주장했다(민유기, 2007: 233). 푸리에는 또한 개인이 개별적으로 일을 함으로써 발생하는 낭비를 협동체(공동체)의 건설을 통해 없앨 수 있고, 생산성의 향상을 이룰 수 있다고 주장했다(멈포드, 2010: 133). 협동체 안에서 노동자들은 그들의 기여에 따라 보상을 받는다. 푸리에는 구성원 간의 빈부격차는 존재하지만 최저생계의 보장을 통해 모든 이들이 소비와 여가를 즐길 수 있는 사회를 구상했다(민유기, 2007: 233). 그 협동체가 팔랑주(Phalanx, Phalange)이다. 사전적으로 '동지들의 집단'으로 해석되는 팔랑주는 푸리에가 추구했던 비억압적 사회주의 생활공동체를 물리적으로 구현한 것이었다(프램튼, 2017: 36).[14] 건축에 관심이 많았던 푸리에의 계획은 상당히 구체적이다(Serenyi, 1967).

---

14) 팔랑주의 어원은 고대 군대의 방진에서 유래한다.

팔랑주의 구상은 다음과 같다(Benevolo, 1975: 59-60; 멈포드, 2010: 133-135). 팔랑주는 인구 1,500~1,600명, 면적은 약 11.7㎢의 규모를 갖는 자족적 공동체이다. 입지적으로 강과 숲이 있는 유역을 선택하며, 토양과 산업적 필요에 따라 밭, 과수원, 포도원을 배치한다. 대도시와 멀리 떨어져 있지는 않지만 그로 인해 영향을 받지 않을 만큼 충분히 떨어져 있어야 한다. 팔랑주는 부지가 허락하는 한 그 내부에 규칙적으로 건물을 입지시킨다. 핵심 산업은 농업이지만 공업기능을 포함한다.

협동체의 원리는 지역의 중심에 위치한 거대 복합건물 팔랑스떼르(Phalanstère, Phalanstery)[15]에 의해 구현된다. 팔랑스떼르는 "마을 주민들의 거주지이며 모든 설비가 갖추어진 궁전"으로 4층의 요철(凹凸) 형태의 건물로서 베르사이유 궁의 영향을 받은 것으로 보인다. Kostof(1991: 200)는 팔랑스떼르의 형태가 앙시앙레짐(ancien régime)의 권위를 인민에게 부여한 것이라고 해석한다. 건물은 그 규모가 너무 커지지 않도록 2중으로 배치한다(그림 2-12). 두 건물 사이의 간격은 30~40m이다. 오웬과 달리 푸리에는 팔랑스떼르에서 독립적인 주호를 고려하지 않고 구성원들이 큰 홀에서 공동생활을 하는 구상을 제시했다(윤장섭, 2004: 95). 노인은 1층, 어린이는 2층, 성인은 3층에서 생활하도록 계획되었다.

'ㄷ'자 형태의 건물중심은 각각 '물질', '사회', '지성'의 세 개 영역으로 구성된다. '물질' 영역에는 작업장과 산업회관이 있고, '지성' 영역에는 도서관, 박물관, 예술창작실이 배치된다. 중앙의 '사회' 영역에는 공동식당, 응접실, 집회소가 있다. 'ㄷ'자 형태에서 뻗어 나간

---

15) 즉, 마을 공동체가 팔랑주이고 개별 복합건물이 팔랑스떼르이다.

그림 2-12 팔랑스떼르(푸리에의 추종자인 Victor Considérant의 묘사)

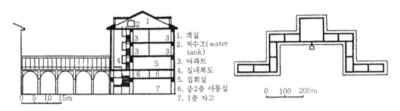

1. 객실
2. 저수조(water tank)
3. 아파트
4. 실내복도
5. 집회실
6. 중2층 아동실
7. 1층 차고

그림 2-13 팔랑스떼르의 기본계획

한 쪽 끝에는 노래, 음악, 시, 춤, 체육, 그림 등을 즐길 수 있는 '물질적 조화의 신전'이 있고 다른 쪽 끝에는 인간이 우주와 일체가 되는 의식을 진행하는 '통합의 신전'이 있다. 신전 꼭대기에는 다른 팔랑주와의 교신을 위한 탑이 설치된다. 건물 중앙동 사이에 정원이 조성되며 건물 중앙 앞 쪽에는 광장이 위치한다. 건물은 사실상의 수직도시이다. 주민들은 이 안에서 일상생활을 영위하고 교류를 통해 공동체를 형성한다.

푸리에는 사회적 연대를 추구했지만 개인의 자유와 사유재산을 부인하지는 않았다. 온건한 접근을 통해 공동체 정신의 점진적인 함양을 모색했다. 공동부엌과 식당을 통해 공동취사와 공동식사가 이루어지도록 했지만 개인적으로 식사하는 것을 막지는 않았다. 팔랑주에 거주하는 모든 사람은 최소한의 의식주와 오락을 보장받았다. 주민들은 협동체 내에서 보유한 주식 수에 따라 배당을 받았다. 팔랑주는 하나의 협동조합으로서 생산된 상품을 생산하고 거래하는 기능을 수행한다. 경제활동에 있어서는 대량생산과 분업을 구상했다. 푸리에는 분업으로 인해 발생할 수 있는 단조로움[16]을 극복하기 위해 구성원들이 업무와 직종을 주기적으로 바꾸는 방안을 제안했다.

푸리에는 19세기에 여성해방을 생각한 선각자였다. 푸리에는 여성의 직업활동을 강조했고 일부일처제에 기초한 기존의 가족제도가 개개인의 자유로운 성적 욕망 실현과 아동의 사회적 양육에 의해 소멸될 것이라고 주장했다(민유기, 2007: 234). 이를 위해 팔랑주에서는 개인 숙소를 폐지하고 모든 구성원이 노동에 참여하도록 함으로써 여성이 가부장적 혼인제도와 가사노동으로부터 벗어날 수 있는 기회를 제공했다. 푸리에는 이를 통해 전통적 가족제도와 일부일처제가 해체될 것이라고 기대했다. 공동부엌과 식당, 세탁실, 공동 탁아소와 학교는 여성을 해방시킬 수 있는 물리적 토대가 되었다.

(3) 푸리에주의자들의 유토피아 공동체 건설[17]

푸리에는 프랑스에서 그의 구상을 실현하고자 했지만 모두 실패했다. 이후 그의 아이디어는 프랑스 식민지인 알제리와 뉴 칼레도니아에서 시도되었으며 러시아에서도 시도되었지만 마찬가지로 모

---

16) 마르크스는 이를 '소외된 노동' 또는 '노동소외(Entfremdung)'라고 불렀다.
17) Benevolo(1975: 61–75) 정리.

두 실패했다. 하지만 푸리에의 사상은 그의 추종자들에 의해 미국에
서 절반의 성공을 이룬다. 1840~1850년 사이에 약 40개의 푸리에
커뮤니티가 미국에서 건설되었다. 그러나 오웬의 시도와 마찬가지로
이들 역시 모두 실패로 끝났다.

하지만 푸리에의 아이디어는 19세기 후반 그의 추종자인 고댕
(Godin)에 의해 '파밀리스떼르(Familistère)라는 이름으로 프랑스 기즈
(Guise)에서 마침내 결실을 맺게 된다. 파밀리스떼르는 팔랑스떼르와
거의 같은 구조를 가지나 규모가 다소 작고 앞뒤 건물 사이의 상부
를 유리로 씌워서 아케이드 형태를 취하고 있다는 차이가 있다. 파
밀리스떼르의 규모는 약 18acre이며 수용인구는 1,200명(400가구)이
다. 고댕이 설립한 협동조합은 1939년까지 존속되었고, 최종적으로
1968년 협동조합이 해체되었지만 건물은 오늘날까지 남아 있다(그림
2-14).

파밀리스떼르는 팔랑스떼르와 형태적으로는 유사하나 일정한
변형이 이루어진 것이었다. 사회변화에 발맞춰 주산업을 농업에서
공업으로 바꾸었고, 논쟁거리였던 공동생활의 원칙을 포기했다. 각
가정은 자신들의 독립적인 주거공간을 보유하는 것으로 계획이 변경

그림 2-14 기즈에 실현된 파밀리스떼르(좌)와 파밀리스떼르의 중정(우)

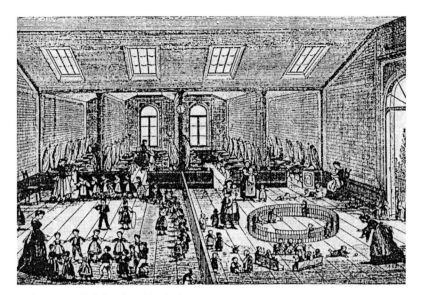

그림 2-15 파밀리스떼르의 보육시설

되었다. 그럼에도 푸리에가 강조했던 보육과 교육의 이념은 더욱 정
교한 형태로 구현되었다. 파밀리스떼르는 19세기 사회주의 실험 가
운데 가장 성공적인 시도로 평가된다(민유기, 2007).

(4) 평가

푸리에의 구상은 농업과 공업의 통합, 자족성의 실현이라는 측
면에서 오웬의 계획과 유사한 측면이 있다. 그러나 오웬의 구상이
이상 공동체를 평면적으로 구현한 것이라면 푸리에의 구상은 한 동
의 건축물 안에서 공동체와 기능의 복합화를 수직적으로 추진했다는
점에서 차이가 있다. 프램튼(2017: 435)은 푸리에의 구상을 러시아 혁
명 시기 구성주의자들(Constructivist)이 시도했던 '사회적 응축기
(social condenser)'18)의 원조로 평가한다.

푸리에의 아이디어는 이후 공동체와 자족성의 구현이라는 이상

 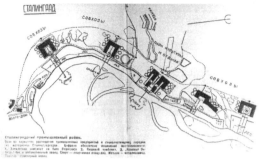

그림 2-16 위니떼 다비따시옹   그림 2-17 스탈린그라드에 원용된 푸리에 이상도시 개념

아래 건축과 도시계획에서 적극적으로 시도된다. 푸리에의 팔랑스떼르 개념은 원대한 사회적 이상을 갖고 있던 르 꼬르뷔제에게 전해졌다. 르 꼬르뷔제는 위니떼 다비따시옹(Unité d'Habitation)이라는 복합건물계획을 통해 푸리에의 이념을 실현하고자 했다(프램튼, 2017: 283, 435). 러시아 혁명 후 일단의 구성주의자들은 푸리에의 구상을 도시에 적용해서 프롤레타리아트의 거주공간을 조성하고 이를 통해 도시를 혁명기지화하고자 했다(Cooke, 2000).

푸리에 사후 실현된 파밀리스떼르에서 그 원칙이 포기되었다는 점에서 볼 수 있는 것처럼 가족을 해체하고자 한 푸리에의 이상은 시대를 앞서간 매우 급진적인 제안이었다. 하지만 푸리에의 여성해방에 대한 구상은 모든 혁신적 아이디어가 백화제방처럼 봇물을 이루던 러시아 혁명 초기에 구성주의자들에 의해 다시 등장한다(김흥순, 2007). 근대건축의 원칙인 '자유로운 평면' 개념을 적극 활용하여 동일 층 내의 평면 구획을 모두 없애고 구성원들이 자유롭게 분할해

---

18) '사회적 응축기'란 생활방식의 변화를 통해 대중을 새로운 인간으로 개조하는 기계로서(김흥순, 2007), 팔랑스떼르에서 거주자들은 공동생활, 공동학습을 통해 이기심을 버리고 공동체적 인간으로 새롭게 태어날 수 있는 기회를 갖게 된다.

서 쓰도록 함으로써 다양한 커플들이 탄생할 수 있도록 하는 구상이
제시되었다.

여러 가지 혁신적인 아이디어에도 불구하고 Friedmann(1987:
236)은 푸리에의 이상사회가 오웬의 그것과 마찬가지로 모순적이라
고 평가한다. 푸리에는 자신의 이상을 자유주의적이고 온건하며 점
진적으로 실현하고자 했지만, 그 이상사회는 여전히 폐쇄적이고 자
율성을 억압하는 전체주의적인 세계로 평가된다.

Chapter 03

낡은 도시를 일소하고 새로운 도시를 건설하라!

1. 오스만의 파리 개조

다수의 문헌들은 근대 도시계획의 출발을 오스만(Georges-Eugène Haussmann: 1809~1891)의 파리 개조에서 찾는다(유치선·이수기, 2015). 이러한 시각에서는 전술한 공중위생법이나 공상적 사회주의자들의 시도를 근대 도시계획 이전의 맹아적 움직임(prelude) 정도로 치부한다. 그러한 평가의 옳고 그름을 떠나서 오스만의 파리 개조는 매우 중요한 의미를 갖는데, 그 이유는 계획을 통해 실질적이고 효과적인 도시개발이 이루어졌으며, 이후 도시계획가들에게 많은 영향을 미쳤다는 점 때문이다. 훗날 시카고 개조계획을 제시한 버넘(Daniel Burnham)은 "오스만이 파리에서 완수했던 임무는 급속한 인구 증가가 야기한 견디기 어려운 상황을 극복하기 위해 시카고에서 해야만 했던 작업과 일치한다"고 술회한 바 있다(프램튼, 2017: 37).

도시계획은 그 특성상 확고한 공권력과 막대한 자금이 필요하다는 점에서 사실상 실현되지 않는 '도상계획(圖上計劃, paper plan)'으로 존재하는 경우가 많다. 하지만 오스만은 이러한 장애를 뚫고 도시 전체를 개조했다는 점에서 이후 도시계획가들에게 매우 깊은 인상을 남겼다. 이와 함께 실현과정에서 채용된 그의 추진방법은 오늘날까지 적지 않은 논쟁거리로 남아 있다.

1) 19세기 파리의 도시문제

후발 선진국으로서 산업혁명을 경험했던 프랑스 역시 영국과 마찬가지로 심각한 도시문제를 경험하고 있었다. 영국과의 차이라고 한다면 중앙집권의 전통이 강한 프랑스의 특성상 영국과 달리 파리에 도시문제가 집중되었다는 것이다.

오스만의 도시 개조 이전에도 파리는 유럽을 대표하는 대도시였지만 19세기경에는 산업혁명과 인구유입으로 대단히 과밀하고 비위생적인 상태에 놓여 있었다. 도시의 과밀화에도 불구하고 기반시설은 여전히 전근대적인 수준에 머물러 있었다. 제일 큰 길이 어른 걸음으로 여덟 발자국이었으며, 중심부만 돌로 포장이 된 채 나머지는 비포장 상태로 머물러 있었다. 당시 파리를 소개하는 관광책자는 파리를 "맑은 날엔 먼지, 비오는 날엔 진창"으로 소개하고 있다.

당시 파리는 하수도체계가 잘 갖추어져 있지 않아서 불결한 도시로도 유명했다. 인구가 늘어나면서 콜레라가 반복적으로 발생했다. 콜레라로 인해 1832년과 1847년에 파리에서만 각각 2만 명에 달하는 사람들이 사망했다. 당시 관광책자는 악취를 '파리의 냄새', 오물을 피해 걷는 걸음을 '프랑스식 워킹'이라고 풍자적으로 묘사하고 있다. 하수도 시스템의 부재와 함께 화장실의 부족 역시 상황을 악화시킨 요인이었다. 고대 로마시대의 인슐라(insula) 거주자들처럼

그림 3-1 협소한 파리가로
(1850년대)

그림 3-2 혼잡한 파리의 가로(Rivoli St.)
(Honoré Daumier, 1852)

파리 시민들은 생활오수를 건물 밖으로 마구 쏟아 부었다. 당시 유행했던 여성들의 양산이나 하이힐이 아파트에서 쏟아져 내리는 오물을 피하기 위한 용도로 도입되었다는 주장도 있다. 드레스와 구두를 더럽히고 싶지 않은 상류층에게 마차는 필수품이었다. 하지만 좁은 도로에 마차 통행이 늘어나면서 혼잡이 가중되었다(그림 3-2).

당시 파리 도시문제의 가장 큰 원인은 난개발에서 찾아진다. 로마인들에 의해 처음 도시가 건설된 이후 인구는 지속적으로 늘어났지만 기반시설의 확충은 이루어지지 않았다. 반면에 중세부터 프랑스 국왕들은 모자라는 재정을 충당하기 위해 시유지를 민간에게 적극적으로 매각했다. 무분별한 개발이 이루어지면서 과밀이 심화되었다. 이에 덧붙여 석조 건축물이 많았던 파리에서는 큰 화재가 없었고, 이로 인해 도시를 재정비할 기회를 갖지 못했다.

19세기 들어 파리인구는 폭발적인 증가를 거듭해서 후반기에는 그 수가 100만 명에 달하게 된다. 특히 1850~60년 사이 10년 동안 인구가 60만 명이나 증가했다. 급격한 인구 유입에도 불구하고 주택공급은 한정되었고 이로 인해 집을 가진 사람은 전체 파리 시민의 1/6에 불과했다. 결과적으로 런던과 유사하게 주택문제가 심화되었다.

파리의 도시문제를 해결하기 위해 다양한 아이디어가 제시되었다. 그중 대표적인 것이 1765년 피에르 파트(Pierre Patte)의 계획, 1793년 화가 다비드(Jacques-Louis David)가 주도한 '파리를 위한 미술가 계획'과 1806년 제시된 샤를 페르시에(Charles Percier)와 피에르 퐁텐(Pierre-François-Léonard Fontaine)의 리볼리 가(Rivoli St.) 설계이다(프램튼, 2017: 38). 그중 '파리를 위한 미술가 계획'은 일직선의 광로를 통해 파리를 대대적으로 개조하는 내용을 담고 있어서 나폴레옹 3세와 오스만에게 큰 영감을 준 것으로 평가된다. 하지만 이들 계획은 실현되지 않은 채 단순한 아이디어로 남게 되는데, 이는 계획을 실현할 재원과 행정력이 뒷받침되지 못했기 때문이다.

2) 파리 개조사업

나폴레옹 3세는 파리의 과밀화와 위생적 결함을 더 이상 방치해둘 수 없다고 판단했다. 황제는 1853년 센(Seine) 주의 지사(prefect)로 임명된 오스만에게 파리를 전면 개조할 것을 명령했다. 황제의 주문은 단순하고 분명했다. "도시를 보다 건강하게(more healthy), 덜 혼잡하게(less congested) 그리고 더 크게(more grand)"만들라는 것이었다. 황제의 명을 받은 오스만은 파리 개조를 위해 다음 네 개의 실행목표를 설정했다. 첫째, 신고전주의 양식의 미적 특성을 갖출 것. 둘째, 전염병을 야기하는 골목들을 체계적으로 정비하여 도시의 위생 상태를 개선할 것. 셋째, 밀집된 파리 시가지의 교통 혼잡을 개선할 것. 넷째, 주기적으로 발생하고 있는 폭동진압을 용이하게 할 것.[19] 모든 실행목표가 직간접적으로 도로의 폭을 넓히는 문제와 관련된 사항이었으므로, 오스만은 과밀한 도시에서 충분한 도로 폭을 확보하기 위해 총력을 기울이게 된다.

오스만은 그 첫 번째 작업으로 파리 시청 지도과에 측량을 통해 1/500 축적의 파리지도 142장을 제작하도록 지시하고 매년 변경사항을 반영시켰다. 이 지도에 건물소유자, 건물의 구조, 세입자 수와 이름, 골목길의 위치 등을 표시했다. 이를 통해 길을 어디로 내고 새 건물을 어디에 지을지, 상하수도는 어디에 입지시킬지 등에 대한 구체적인 계획을 수립하였다.

사업은 1853~1869년 사이에 3단계로 나뉘어 진행되었다.[20] 이 기간 중 파리는 거대한 건설현장이 되었다. 파리 시내 66,578호의 전체 건물 중 3/7에 해당되는 27,500호의 건물이 철거되었다(Hall, 1998: 706). 기존 건물이 철거된 부지와 새로이 파리로 편입된 지역에 10만 2천호의 건물을 새로 건설하였다(Garvin, 2013: 67). 이 과정에서 다양한 공공건축물이 신축되거나 더 큰 규모로 개수되었다(민유기, 2007: 204). 경마장, 병원, 재판소, 고급호텔, 극장, 경찰서, 구청사, 학교, 교회, 시장이 새롭게 건축되거나 정비되었다.

---

19) 당시 폭동은 대부분 바리케이드 전으로 전개되었는데, 광로를 조성할 경우 바리케이드를 쌓기가 어려워져서 진압이 용이해지며, 사통팔달의 도로연결은 진압군의 이동을 용이하게 한다.
20) 이 글에서 사용되는 통계수치는 Benevolo(1978), Hall(1998), Garvin(2013), 민유기(2007), 조재성(2020)이 제시한 수치를 사용하였다. 수치 상호간에 차이가 있는 경우, 각주로 명기하였는데, 통계수치의 차이는 기준 시점의 차이로 판단된다.

그림 3-3 오스만의 캐리커쳐

　건축물의 개조와 함께 도시기반시설이 완전히 새롭게 정비되었다. 황제와 오스만은 계획이 진행되는 동안 거의 매일 만났다고 한다. 오늘날 볼 수 있는 파리의 가로체계는 전적으로 나폴레옹 3세와 오스만의 계획에 의한 것이다. 다음 일화는 매우 흥미롭다(Garvin, 2013: 70). 한 기술자가 Avenue Foch를 가로수 없이 폭 40m로 계획하는 안을 보고했다. 이에 대해 오스만은 "황제가 좋아하지 않을 거야. 세배(120m)로 넓히게. 그리고 양측에 나무를 심을 수 있도록 32m의 잔디밭을 추가하게."

　오스만의 계획은 대로를 통해 도시의 구도심과 신규로 편입된 외곽지역을, 도시를 가로지르는 센 강의 양안(兩岸)을, 도시의 동서남북을 유기적으로 연결했다. 결과적으로 파리의 가로체계는 격자방사형 체계를 갖게 되는데, 이는 로마 시대 이래의 격자형 가로 위에 오스만이 방사형 체계를 얹음으로써 나타난 형상이다. 자동차가 발명되기 이전의 계획이었지만, 오스만이 만든 광로(boulevard)는 오늘날까지도 세계도시 파리의 차량 흐름을 지탱하고 있다.

오스만의 도시개조 이전 파리 도심의 도로 연장은 384km, 외곽은 355km였다. 오스만은 도심에서 49km의 도로를 없애는 대신 95km의 도로를 새로 건설

그림 3-4 파리 개조를 위한 철거 작업 (Charles Marville 사진)

했고, 새로 합병된 외곽지역에서는 도로 5km를 없애는 대신 70km의 도로를 신설했다(Benevolo, 1978: 67).[21] 개선문을 중심으로 12개의 방사형 도로를 개설했다. 기존 도로까지를 포함해서 총 640km의 도로가 포장되었다. 시내 도로의 평균 폭원이 두 배로 확장되었고, 가로수가 기존의 두 배인 10만 그루로 늘어났다(Hall, 1998: 706). 곧게 뻗은 광로는 중세의 꼬불꼬불하고 협소한 골목길과 대비되는 근대적 경관의 정수였다. 직선화된 방사형 가로를 통해 원근법에 따른 미학적 효과가 나타났으며, 광로가 만나는 교차지점과 직선가로가 끝나는 결절점에 공공건물과 기념비적 조형물을 배치해서 권력의 위엄을 상징화했다(조재성, 2020: 122). 결과적으로 파리의 주요 랜드마크들은 방사형 가로를 통해 연결되며, 그 중심에는 개선문이 위치하게 된다.

파리 외 지역과의 연결을 위해 Gare de Lyon(1855)과 Gare du

---

21) Hall(1998: 707)은 71mile(약 113km)을 신설했다고 쓰고 있다. 프램튼(2017: 40)은 구도로가 536km였고, 새로 건설된 도로가 137km라고 보고한다.

그림 3-5 샹젤리제 거리 　　　　**그림 3-6** 비오는 날 파리,
　　　　　　　　　　　　　　　　　　Gustave Caillebotte(1877)

Nord(1864)라는 두 개의 철도역이 건설되었다. 주요 도로에 가스등
을 설치해서 기존에 있던 12,400개의 가로등이 32,000개로 늘어났다
(Benevolo, 1978: 72). 1854년에 163km에 불과하던 하수도 연장이
1870년에는 무려 536km로 늘어났다(민유기, 2007: 204).[22] 상수도 연
장 또한 기존의 747km에서 1,545km로 확대되어서, 파리 시민의 상
수도 이용량이 재개발 사업 이전의 1일 11.2만톤에서 34.3만톤[23]으
로 증가했다(Benevolo, 1978: 72). 4개의 새로운 다리가 건설되었고,
10개가 재건되었다(Hall, 1998: 706).

　파리는 오스만의 개조를 통해 광장을 중심으로 사통팔달로 뚫
린 방사형 가로체계와 일정한 층고의 신고전주의 건물로 이루어진
단일한 도시경관을 갖게 되었다(Thadani, 2010: 325). 오스만은 현대적
의미의 사선제한과 도시설계 수법을 도입했다. 도로 폭 20m를 기준

---

22) Benevolo(1978: 72)는 기술자 벨그랑이 원래 146km이던 연장을 560km로 늘렸
　　는데, 이중 원래 것은 15km에 불과했다고 보고하고 있으며, mile 단위를 쓰고
　　있는 Hall(1998: 706)은 원래 92mile(147.2km)이던 하수도 연장이 260mile
　　(416km)로 늘어났는데, 이 중 9mile(14.4km)을 빼고는 완전히 새로 만들어졌다
　　고 보고한다.
23) Hall(1998: 706)은 약 44만톤으로 보고한다.

그림 3-7 오스만이 건설한 파리 가로망

으로 그 이하 도로에 면한 건물은 도로 폭의 1.5배, 그 이상 도로에
면한 건물은 도로 폭과 같은 높이로 건물 높이가 규제되었으며, 지
붕의 경사는 45°로 제한되었다. 건축물의 재료, 높이, 지붕선, 발코니
등에 대한 상세한 규제가 부과되었다(Rykwert, 2000: 90).

하지만 재개발 과정에서 집을 잃은 11만 7천 가구와 35만 개의
일자리가 파리를 떠나야 했다(Garvin, 2013: 67). 파리 주변의 11개 코
뮌(commune)이 병합됨으로써 파리의 행정구는 기존 12개에서 20개
로 늘어났고 도시면적은 총 8,750ha로 확장되었는데(조재성, 2020:
123), 이것이 오늘날 파리 행정구역의 토대를 이루게 된다.

오스만의 주된 사업방식은 수용(收用)이었다. 프랑스에서 수용
조항은 1850년에 법제화되었다(Benevolo, 1971: 135). 오스만은 매우
저돌적인 이미지로 알려져 있지만 그의 토지 수용방식은 대단히 신
중했다(바넷, 1997: 31). 시당국은 토지 및 건물주와 장기간 협상을 진
행했다. 보상문제로 길 하나를 뚫는데 수년이 소요되었다. 행정절차
와 보상을 마무리 짓는데 통상적으로 5~10년의 시간이 소요되었다.

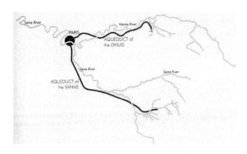

그림 3-8 파리의 광역상수 공급체계

하지만 건설에 있어서는 저돌적으로 사업이 추진되었다. 도로, 상하수도 등 기반시설 공사가 불과 2~3년 만에 마무리 되었다. 이는 농촌에서 유입된 수만 명의 값싼 노동력 덕분에 밤낮을 가리지 않고 공사를 진행할 수 있었기 때문에 가능한 일이었다. 따라서 전체 사업 기간의 대부분이 보상과 협상을 위해 소요되었음을 알 수 있다.

파리개조에서 수리(水理) 기술자인 위제니 벨그랑(Eugène Belgrand)의 공을 언급하지 않을 수 없다. 그는 상빠뉴(Champagne)에 있는 벵느 강(Vanne)에서 파리까지 200km 연장의 수로를 건설했다. 그는 파리의 상하수도 체계를 획기적으로 개선함으로써 황제와 오스만의 구

그림 3-9 파리의 하수구 여행자들(*London News* 1870년 1월 29일)

상을 충실히 실현했다. 이와 함께 분수를 동네 중심에 위치시켜서 무료 우물의 기능을 수행하도록 했다. 오스만은 커뮤니티 활동을 지원하기 위해 분수 주변에 벤치를 설치했으며, 2년마다 도색을 법제화하는 등 관리에 신경을 썼다. 수질이 떨어지는 센 강의 물은 가로 청소 및 공원과 정원, 가로수 관리에 사용되도록 하였다.

나폴레옹 3세는 망명시절 머물렀던 런던의 하이드 파크에 깊은 감명을 받아 파리에 그보다 크고 화려한 공원을 만들고자 했다. 황제의 지침에 따라 동서남북 주요 지점에 네 개의 거점 공원이 건설되었다. 수천 명의 인부들이 투입되어 공원이 조성되었다. 네 개의 공원은 파리 서부 불로뉴 숲(Bois de Boulogne), 동부 뱅센 숲(Bois de

그림 3-10 불로뉴 숲, Jean Béraud

그림 3-11 뱅센 숲

그림 3-12 뷔뜨 쇼몽 공원

그림 3-13 뤽상부르 정원

Vincennes), 북부 뷔뜨 쇼몽 공원(Parc des Buttes–Chaumont), 남부 몽수리 공원(Parc Montsouris)이다. 이와 함께 기존에 있던 몽소 공원(Parc Monceau)과 뤽상부르 정원(Jardin du Luxembourg)을 새롭게 정비했으며, 8개 마을당 하나 그리고 10분 이내 거리에 하나의 근린공원을 조성한다는 계획에 따라 12개의 소규모 근린공원을 조성하였다. 파리의 전체 공원면적은 1,780ha로 집계된다(조재성, 2020: 122). 이러한 공원녹지의 조성은 사통팔달의 가로 시스템과 맞물려 파리와 파리 교외 주민들에게 신선한 공기와 풍부한 여가공간을 제공하는 토대가 되었다.

가로수를 포함한 가로가구(street furniture)에 디자인 개념이 도입되었고 표준화가 이루어졌다. 오스만은 가로수 품종을 마로니에와 플라타너스로 통일했다. 10만 그루에 달하는 가로수에 철제 보호대를 설치했다. 이외에도 공중 화장실, 벤치, 대합실, 키오스크, 시계탑, 가로등, 분수, 간판의 표준화가 이루어졌다.

오스만은 유능한 사업가였다. 17년 동안의 주지사 재임 기간 중 25.5억 프랑의 예산으로 10배에 달하는 공사를 수행했는데, 그 비결은 민간에게 보상비와 기반시설 건설을 부담시키는 대신 개발권을 주는 방식에서 찾을 수 있다. 따라서 우리는 오스만을 민자유치의 선구자로 평가할 수 있다. 오스만은 복잡하게 얽힌 요인과 과정, 이해관계를 효과적으로 조정함으로써 사업을 성공으로 이끌었고, 결과적으로 공공개발사업의 모범을 제시했다. 자본투자자들은 아파트, 백화점, 극장, 호텔을 앞 다투어 건설했고 비용 투자에도 불구하고 수십 배의 이익을 남길 수 있었다.[24]

---

24) 민유기(2007: 208)는 오스만의 계획을 '현대 투기성 도시계획'의 원조로 평가한다.

부르주아들은 오스만의 수익성 있는 도시개조에는 지지를 보냈지만 자신들의 재산권에 대한 침해에는 적극 저항했다(프램튼, 2017: 41). 이러한 부르주아들의 이중적 태도가 결국 1869년 오스만 실각의 중요한 원인으로 작용한다. 실각의 표면적 이유는 권력남용과 '예산의 부주의한 처리'였다.

3) 평가

오스만의 '신보수주의 도시계획'은 이후 19세기 말까지 전체 유럽과 프랑스 식민지에서 채용되었고 미국에서는 도시미화운동으로 계승된다. 하지만 파리에서처럼 충분한 성공과 실현을 이룬 사례는 거의 없다. 이는 파리에서 이룬 성취의 대부분이 오스만이라는 인물의 역량에서 기인하는 결과임을 보여준다(Benevolo, 1978: 84).

오스만은 자신의 역할을 철저히 기술적이고 행정적인 측면으로 한정하고 정치적인 측면을 최대한 배제함으로써 근대 도시계획의 기술적 성격을 구체화했다. 그의 성공은 실질적으로 나폴레옹 3세의 전폭적인 지지가 있었기에 가능한 것이었다.[25] 이는 이후 도시계획의 구상이 강력한 공권력과 재정적 지원에 의해서만 실현될 수 있다는 생각을 일반화시켰다. 일례로 르 꼬르뷔제는 평생 자신의 계획을 지원해줄 나폴레옹 3세나 루이 14세를 갈망했다(Fishman, 1982). 하지만 이러한 권위주의적인 도시계획 접근은 현대 민주사회에서는 더 이상 가능하지 않은 것으로, 오늘날에 있어서는 반면교사나 과거의

---

[25] Garvin(2013: 67)은 제2제정이 절대왕정이 아니었기 때문에 나폴레옹 3세도 여러 이해관계자 중 하나일 뿐이었다고 평가하면서 역설적으로 파리 개조에 있어 오스만의 역할과 능력을 강조한다.

그림 3-14 물랭 드 라 갈레트의 무도회
(Dance at le Moulin de la Galette)
by Pierre-Auguste Renoir

유적 정도로 언급될 뿐이다.

오스만은 당시 부르주아들이 도시에 대해 갖고 있던 두 가지 공포, 즉 전염병과 도시폭동의 제거라는 파리개조 사업의 근본적 취지를 황제와 공유했고 이의 실현을 위해 총력을 기울였다(민유기, 2007: 207). 따라서 '위험한 계급'으로 간주된 다수 민중들을 도로의 확장과 함께 파리로부터 밀어낸 것은 계획의 의도된 결과였다고 볼 수 있다. Benevolo(1978: 63)는 이러한 관점에서 오스만의 파리 개조를 위로부터의 '신보수주의 도시계획'으로 평가한다.

오스만의 파리개조 사업은 자본가들에게 큰 이익을 제공한 사업이었지만, 앞서 언급한 것처럼 다수의 서민들은 집이 철거되거나 급상승한 임대료로 인해 파리를 떠나야만 했다. 파리는 이때부터 주거지 분화(residential segregation)가 이루어졌는데, 오늘날까지도 북동부 지역(19, 20구)은 저소득층이 밀집된 주거지역으로 남아 있다. 오스만의 파리개조는 역설적으로 많은 사람들을 분노와 좌절로 몰아넣었고, 결과적으로 1871년에 일어난 도시폭동인 파리 코뮌의 중요한 원인으로 작용하게 된다. 그러나 부르주아에게 막대한 이익을 안겨준 파리개조 사업이 노동계층에게 일방적으로 고통만을 안겨준 것은 아니었다. 대규모 토목사업은 파리 거주 노동계층의 20%에게 일자리를 제공했고, 전반적인 소득의 증가는 파리에서 도시문화가 번성

할 수 있는 토대를 마련했다(루빈, 2001). 김흥순(2010)은 이를 통해 여가를 향유하며 소비생활을 할 수 있는 근대적 '시민' 계급이 출현했다고 평가한다(그림 3-14).

오스만은 당대의 다수 지식인과 예술가들로부터 파리를 파괴한다는 비판을 받았다. 그들은 오스만의 개조로 인해 파리가 무색무취한 산업도시가 되었다고 비판했다(Benevolo, 1978: 76). 일례로 빅토르 위고는 획일화(uniformity)가 오스만 계획의 핵심이라고 주장하면서 "(외관만으로) 당신 앞에 있는 집이 극장인지 상점인지 도서관인지 구분하는 것은 거의 불가능하다"고 말한 바 있다. 도시의 장소성이 사라졌다는 것이다. 그러나 오늘날 많은 사람들은 파리를 세계에서 가장 아름다운 도시로 평가한다. 따라서 동시대인의 비판은 일이 있는 곳에 언제나 따라다니는 또 하나의 비판 정도로 치부할 수 있을지도 모르겠다. 그러한 비판이 어느 정도 사실일지도 모르지만 분명한 것은 오스만이 근대 도시가 나아가야할 비전과 시대정신을 보여주었다는 것이다.

대부분의 사람들은 오스만의 계획이 지나치게 경직적이었다는 데에 의견을 같이 한다. Benevolo(1978: 76)는 오스만이 충분한 기반시설과 여유공간을 확보했다고 생각했음에도 불구하고 오늘날 파리는 혼잡하고 계획하기 어려운 도시로 남아있다고 평가한다. 그는 오스만이 파리가 지니고 있던 역동성을 없앰으로써 파리의 모습을 정태적으로 정형화시켰다고 주장한다. 하지만 필자의 생각은 좀 다르다. 오늘날 파리가 과밀하고 손대기 어려운 불편한 도시로 남아 있는 것은 현대 파리인의 선택에 따른 결과이다. 20세기초 르 꼬르뷔제의 제안처럼 전면적인 파리 개조를 선택할 수도 있었지만, 파리 시민들은 불편을 감내하면서 오스만의 파리를 그대로 유지하고 있다. 이는 현대 파리 시민의 시각에서 오스만이 만든 파리가 일점일획을 더하거나 빼기 어려울 정도로 완벽한 작품임을 보여주는 반증이라고 할 수 있다.

2. 대니얼 버넘과 도시미화운동

대부분의 미국 도시계획사가들은 미국 도시계획의 시작을 대니얼 버넘(Daniel Burnham: 1846~1912)과 그의 동료들에 의해 진행된 도시미화운동(City Beautiful Movement)에서 찾는다(Gerckens, 1988: 28 – 29). 도시미화운동은 19세기 말에서 20세기

그림 3-15 대니얼 버넘

초까지 유럽의 도시들과 마찬가지로 급속한 산업화로 인해 과밀과 노후화, 비위생, 범죄와 부도덕으로 침윤되어 있던 미국 도시의 '추악한(ugly)' 모습을 화려한 고전주의 파사드(facade)로 개조하고자 한 일군의 건축가와 상인계층의 시도였다.

도시미화운동은 이전 시기 유럽에서 진행된 공상적 사회주의자들의 이상촌 건설이나 공중위생법의 제정과 달리 사회문제 해결에 대한 의식을 갖고 있지 않았다. 이념적 지향성 없이 오로지 아름다운 도시만들기에 집중했다는 점에서 현대 물리적 도시계획의 기능적 성격을 예고했다고 볼 수 있다. 또한 버넘의 시도는 실현방안에 대한 깊은 고민 없이 도면 그리기를 통한 계획안 제시에 열중했다는 점에서 르네상스 시대 이래 이어져온 이상도시 운동의 연장이라고도

그림 3-16 The Ideal City by Fra Carnevale(1480~1484)
: 르네상스를 대표하는 이상도시

평가할 수 있다. 탈정치적, 기술지향적이라는 측면에서 오스만의 파리 개조사업과 일면 유사한 점이 있지만, 구체적인 실현 프로그램이 제시되지 않았다는 점에서 일정한 차이가 있다. 그럼에도 불구하고 도시미화운동은 오늘날 건축과 도시계획을 연결하는 도시설계의 아이디어를 최초로 제시했다는 점에서, 그리고 본격적인 미국 도시계획의 시작이라고 할 수 있는 도시효율성(City Efficient) 운동의 모태가 되었다는 점에서 중요한 의의를 갖는다고 할 수 있다.

1) 시카고 만국 박람회와 도시미화운동

도시미화운동을 논하면서 1893년에 개최된 시카고 만국박람회(World's Columbian Exposition)에 대한 언급을 빼놓을 수 없다. 시카고 만국박람회는 흔히 도시미화운동의 출발점으로 평가된다.[26] 콜럼버스의 신대륙 발견 400주년을 기념하여 개최된 만국박람회의 진행을 위해 시카고의 지역사회 지도자들은 대니얼 버넘을 건축 총감독으로

---

26) 시카고 만국 박람회가 도시미화운동의 시작이 아니라 운동의 진행과정에서 나타난 중요한 사건이라고 평가하는 이들도 많다(Talen, 2005: 75, 117-118).

임명했고, 버넘의 지휘 하에 미시간(Michigan) 호변 약 280ha의 부지에 보자르(Beaux Arts) 풍의 대형건물이 200채가 넘게 건설되었다. 백색의 신고전주의 건물로 채워져서 '백색도시(White City)'로 불린 이 인공도시는 세계 각국의 유명한 건조물들을 부분적으로 축소하거나 그 영감하에 세워놓은 것이었다. 박람회는 대성공이었다. 6개월간 개최된 박람회의 총입장객 수는 2,600만 명으로 보고된다(Levy, 2006: 36). 당시 미국의 총인구수가 6,500만 명이었다는 점을 감안하면 어림잡아 미국인 40%가 박람회장을 방문했다는 계산이 나온다.

시카고 박람회는 적지 않은 역사적 함의를 남겼다. 19세기 말 만국박람회는 최첨단 기술혁신의 전시장이었으며 국가 간 산업경쟁의 구체적인 현장이었다(Hudson, 1979). 시카고 박람회 직전 박람회인 1889년 파리 박람회에서 에펠(Eiffel)은 300m 높이의 철골구조물인 에펠탑을 선보여서 세계를 놀라게 했다. 당시 미국인들은 유럽에 대해 문화적 열등감을 갖고 있었다(Hall, 1988; Cullingworth, 1997). 시카

그림 3-17 시카고 만국박람회장 조감도

그림 3-18 시카고 만국박람회장 내 공화국 여신상과 명예의 전당 그림 3-19 페리스 휠

고 박람회에서 버넘에게 주어진 주요 과제 중 하나가 에펠탑을 능가할 만한 구조물을 건설하는 것이었다는 사실은 당시 미국인들의 사회심리를 잘 보여주는 일면이다(라슨, 2003).[27] 미국인들은 이를 통해 미국의 문명이 유럽에 결코 뒤지지 않음을 보여주고 싶어 했다 (Hudson, 1979). 물론 그 배후에는 19세기 말 미국인들의 국가성장에 대한 자신감이 자리 잡고 있었던 것도 사실이다(Levy, 2006; Cullingworth, 1997).

이러한 미국인들의 인식은 시카고 인들의 심리에도 그대로 반영되었는데, 당시 시카고는 뉴욕에 이어 두 번째로 많은 인구수(143만 명)를 보유했지만 지저분하고 냄새나는 신흥도시의 이미지에서 벗어나지 못하고 있었다. 뉴욕, 세인트루이스, 워싱턴 D.C.가 신대륙 발견 400주년 만국박람회를 개최하고자 신청했지만 가장 적극적이었던 시카고가 박람회 개최권을 획득했다.[28] 시카고 인들은 박람회

---

27) 대관람차인 페리스 휠(Ferris Wheel)이 만들어졌다.
28) 하원에서 여덟 번의 부표가 진행되었는데, 최종 결선투표에서 시카고가 뉴욕을 157 대 107로 누르고 유치권을 따냈다.

개최를 통해 더 이상 시카고가 변두리가 아니며 자신들이 '촌뜨기'가 아님을 보여주고 싶어 했다(라슨, 2003). 고전주의 미학에 대한 과도한 강조나 규모에 대한 집착 역시 이러한 심리적 배경에서 기인하는 결과로 볼 수 있다(Hall, 1988).

백색도시는 대중들에게 거대한 산업도시의 추악함이 계획을 통해 예술 작품으로 대체될 수 있다는 희망을 제시했다(Catanese and Snyder, 1979). 박람회의 장관을 기억하는 대중들은 이후 도시미화운동에도 똑같이 열광했다. 미국 각지에서 온 방문객들은 "우리 도시에서도 한 번 해보자"는 열의를 갖고 자기 지역으로 돌아갔다(Garvin, 2013: 99). 버넘 역시 만국 박람회를 통해 "사람들의 피를 끓게 하는 대규모 계획"의 마력에 눈을 뜨게 되었다. 결국 백색도시 열풍은 미시간 호변을 넘어 전 미국으로 퍼져나가게 되는데 그것이 바로 도시미화운동이다.

박람회 개최에 있어 다수 지식인과 기업인들은 재정적인 문제를 우려했다. 1876년 필라델피아에서 개최된 만국박람회가 많은 입장객 유치에도 불구하고 사업적으로 실패했기 때문이다. 시카고 박람회에는 총 2천 8백만 달러가 투자되었는데, 많은 우려에도 불구하고 박람회는 상업적으로 대성공을 거두었다. 박람회가 끝났을 때는 모든 경비를 제외하고도 3만 명의 투자자들에게 1백만 달러의 순수익을 돌려줄 수 있었다(Rose, 1996). Hudson(1979)은 시카고 시가 얻은 유무형의 편익을 1억 5백만 달러로 평가한다.

그러나 시카고 시가 얻은 가장 큰 수익은 도시 브랜드 가치의 상승이었다. 박람회의 이러한 상업적 성공은 도시미화를 통한 도시 성장주의(urban boosterism)에 중요한 아이디어를 제공했다(Rose,

1996). 버넘은 의도적으로 이 아이디어를 부추겼는데 그는 페리클레스(Pericle)의 아테네 계획을 위한 투자가 오늘날까지 관광수입으로 이어지고 있다고 지적하면서, 도시미화운동을 통해 도시가 골드러시를 능가하는 부를 축적할 수 있다고 주장했다(Hall, 1988: 180). 그는 같은 맥락에서 "나폴레옹 3세의 도시미화 사업이 파리를 유명하게 했고 전 세계인들이 몰려옴으로써 황제가 지출했던 것보다 더 많은 이익을 매년 벌어들이고 있다"는 주장을 펼쳤다(McCarthy, 1970: 229 - 231).

2) 도시미화운동의 전개

박람회가 끝난 후 박람회장이 철거되면서 박람회의 열기는 식는 듯 했다. 버넘은 박람회와 같은 도시만들기 사업, 즉 도시미화운동이 고용을 창출하고 사회적 통합을 이루는 데 기여할 것이라고 각 도시의 유력자들을 설득했다(Gerckens, 1988: 29). 박람회의 성공을 기억하는 기업인들 역시 도시미화운동이 몇 배의 이익을 남길 수 있는 사업이라는 데 의견을 같이 했다. 만국 박람회를 성공으로 이끈 버넘이 계획의 적임자로 부상했다. 이러한 배경에서 각 도시의 기업가들은 버넘과 그의 동료들[29)]이 이룬 계획의 가장 강력한 후원자가 된다.

이후, 미국 여러 도시에서 도시미화운동이 시작되었다. 오스만

---

29) 도시미화운동에서 빼놓을 수 없는 인물이 미국 '공원의 아버지'로 불리는 옴스테드 부자(Frederick Law Olmstead Sr. & Jr.)이다. 아버지 옴스테드는 버넘과 함께 시카고 만국 박람회 설계에 참여했으며, 아들 옴스테드는 버넘과 함께 이후 도시미화운동을 주도했다. 도시미화운동에서 이들 부자의 기여는 다음과 같다(Talen, 2005: 117). 그들은 중요한 계획 요소였던 공원계획을 전담했으며, 도시 내에서 이를 시스템적으로 네트워크화하고자 했다. 이들은 도시공원을 사회통합과 민주화의 도구로 생각했으며, 이를 통해 도시문제 해결에 기여하고자 했다.

의 파리개조계획은 도시미화운동의 구체적인 전범(典範)이었다. 버넘은 일련의 계획들에 참여하면서 운동을 주도했다. 버넘은 백색도시 건설의 연장에서 장대한 규모를 갖는 신고전풍의 공공청사, 기하학적인 대로와 광로, 공원, 광장 등을 설계했는데, 버넘과 그의 조력자들은 이러한 설계요소들을 통해 도시를 하나의 예술작품으로 승화시키고자 했다.

　하지만 도시미화운동의 옹호자들은 도시미화운동이 단순히 보기 좋은 도시를 만드는 것 이상의 의미를 갖는다고 주장했다. 그들은 좋은 설계, 아름다운 도시는 나쁜 설계, 아름답지 못한 도시보다 효율적이며 공공에게 이익이 된다고 주장했다(Cullingworth, 1997: 42). 그들은 아름다움(beauty)과 유용성(utility)을 합성한 'beautility'라는 조어를 만들었고 그것이 도시미화운동이 추구하는 지향점이라고 주장했다(Cullingworth, 1997: 43). 도시미화운동의 중요 계획활동 중 하나인 civic center 계획은 'beautility' 개념의 구체적 실현이라 할 수 있는데, 그 계획은 도시중심에 시청 등 아름다운 공공건물을 집적시킴으로써 도심의 매력을 배가시키고 이용자의 효용을 증진시키는 것을 의도하는 접근이었다(Lovelace, 1992: 52).

　도시미화운동이 성과를 거둔 첫 번째 계획은 1902년 상원의원 맥밀란의 이름으로 구성된 위원회의 워싱턴 D.C. 계획(MacMillan Commission's Plan)이었다. 이 계획에서 버넘 등은 랑팡(L'Enfant)의 1791년 계획을 더욱 확장시키고자 했다. 계획은 워싱턴 D.C.를 유럽 도시처럼 문화적으로 의의를 갖는 도시로 개조하고자 했다. 위원회는 계획을 통해 공공건물, 광장, 공원에 대한 투자가 부유층으로부터 모든 시민에게로 부를 이전시킴으로써 사회적 통합과 함께 시민의

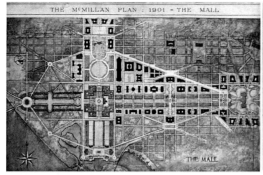 

그림 3-20 워싱턴 D.C. 몰 계획   그림 3-21 버넘의 샌프란시스코 계획

자긍심을 제고시키는 효과가 있다고 선전했다(Gerckens, 1988: 30). 계획은 1922년 링컨기념관의 개관과 함께 현실화되는데, 주목할 부분은 화려한 파사드 이면에 퇴락한 슬럼이 여전히 존속되었다는 점이다(Hall, 1988: 178). 워싱턴 D.C. 계획은 도시미화운동의 붐을 일으키는 중요한 계기가 되었다. 이후 미국의 많은 도시들이 도시미화운동에 나서게 되고, 뉴욕, 필라델피아, 캔사스시티, 클리블랜드, 덴버, 시애틀 등지에서 계획이 추진되었다.

　1903년 버넘 주도하에 클리블랜드에서 추진된 도시미화계획 역시 중요한 계획으로 기록된다. 클리블랜드 계획은 Hall(1988: 179)의 표현처럼 '이리(Erie) 호 옆에 건설된 워싱턴 D.C. 계획'이었다. 버넘 등은 6개 주요 공공건물을 공원과 연계하여 클리블랜드 도심을 개조하는 계획을 제시했다. 공공시설의 조성을 위해 100acre에 달하는 슬럼의 철거가 진행되었다. 샌프란시스코에서도 방사형 가로를 중심으로 하는 야심찬 계획이 제시되었지만 대지진으로 인해 계획안이 대부분 소실되어서 거의 실현되지 못했다(Garvin, 2013: 101). 예외적으로 도심에 조성된 civic center는 도시미화운동의 영향을 받은 것으로 판단된다.

시카고 계획은 버넘의 마지막 도시계획 작품이면서 동시에 가장 큰 성취였다. 1906년 시카고의 상인클럽은 8만 5천 달러를 들여서 버넘에게 시카고 전체에 대한 계획안을 작성해 줄 것을 의뢰했다(김흥순·이명훈, 2006). 계획 보고서는 1908년 출판되었는데, 상인클럽은 1909년에 그 결과물을 시당국에 무료로 기증했다. 그들은 시카고 계획에 대한 요약본을 만들어서 무료로 배포했으며 홍보영화를 만들었고 그것이 교과서에 실리도록 로비를 했다. 마침내 1917년 버넘의 계획은 시카고 시의 도시계획으로 채택되었다(Rykwert, 2000: 204). 1922년까지 시카고 상인클럽이 계획작성과 홍보, 집행에 투자한 금

그림 3-22 시카고 계획 보고서(초판)

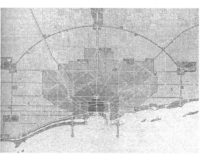

그림 3-23 시카고 계획 기본구상

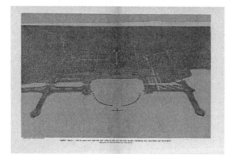

그림 3-24 시카고 도심 계획

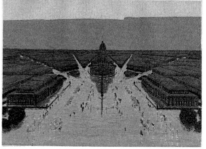

그림 3-25 시카고 시빅 센터 광장
(by Jules Guerin)

액은 총 3억 달러에 달하는 것으로 평가된다(McCarthy, 1970: 248; Hines, 1974: 3).

시카고 계획의 중요한 특징은 도시문제 해결을 위해 당시로서는 보기 드물게 광역적 관점(regional scope)을 도입했다는 점이다(Talen, 2005: 120). 또한 교통과 수송체계의 중요성을 인식했다는 점도 당시로서는 특기할 만한 부분이다(Thadani, 2010: 107). 버넘은 자동차 교통의 중요성을 간파하고 헨리 포드와의 여러 차례 토론을 통해 시카고를 자동차 중심도시로 계획했다(Rykwert, 2000: 204).30) 시카고 계획은 광로를 사통발달로 연결하고 가로를 따라 식수를 하는 것외에 토지이용 규제를 제안하고 있다. 시카고 계획은 도시와 배후지를 함께 계획한 미국 최초의 광역계획이며 종합계획으로 평가된다(Rykwert, 2000: 204; Thadani, 2010: 107). 계획은 1950년까지 1천 3백2십만 명의 목표인구를 상정했지만, 오늘날까지 목표인구는 실현되고 있지 않다.31) 하지만 1925년까지 계획내용의 상당 부분이 실현되었다는 점에서 그 의의를 찾을 수 있다(홀, 2005: 246; Garvin, 2013: 115).

시카고 계획의 부정적 측면은 도시미화계획이 지닌 문제점을 그대로 보여준다(Talen, 2005). 첫째, 지나치게 도면위주로 된 청사진 계획이라는 점이다. 버넘은 르네상스 시기 이후 전래된 도시계획의 전통을 답습했다. 그는 도시의 전체 또는 부분을 다양한 스케일로 그리는 것을 도시계획으로 이해했다. 둘째, 실행에 대한 고려가 부족하다는 점이다. 셋째, 고전주의에서 기인하는 통일성의 강조가 과도

---

30) 포드의 Model T는 시카고 계획과 같은 시기인 1908년에 출시되었다.
31) 시카고 광역권의 인구는 오늘날까지도 1천만명에 도달하지 못하고 있다.

하게 억압적이라는 점이다. 이러한 억압성은 도시미화운동의 옹호자들이 지녔던 전문가와 전문성에 대한 지나친 강조와 맥을 같이 하는 부분이다. 넷째, 사회적 요구에 무관심하다는 점이다. 종합적으로 Boyer(1983: 274-275)는 시카고계획이 인간적인 필요보다는 시각적인 것에 집착하는 '미학적 과대망상증'을 통해 상인들의 귀족도시를 만들고자 했다고 평가한다.

도시미화운동은 이후 캔사스시티(Kansas City), 덴버(Denver), 시애틀(Seattle), 해리스버그(Harrisburg), 달라스(Dallas) 등의 도시에서 일정한 성취를 이루었다(Wilson, 1989). 종합적으로 10여 개의 도시에서 의미 있는 프로젝트가 계획되거나 완수되었고, 보다 작은 수백 개의 지역사회 단위에서 보다 간접적인 개입, 즉 전선의 지중매설, 광로의 건설, 공원 조성 등이 이루어졌다. 그러나, 도시미화운동은 1912년 운동의 주역인 버넘이 사망하면서 최소한 미국에서는 그 명을 다하게 된다. 따라서 시카고 계획은 도시미화운동의 마지막 불꽃으로 평가할 수 있다.

3) 평가

도시미화운동에 대한 긍정적 평가는 미국 도시경관의 개선에 기여했다는 점(Catanese and Snyder, 1979; Barnett, 1988; Cullingworth, 1997; Levy, 2006), 시정개혁 및 사회개혁운동의 모태가 되었다는 점(Gerckens, 1988; Wilson, 1989; Cullingworth, 1997), 현대 미국 도시계획의 출발을 기록했다는 점(Catanese and Snyder, 1979; Wilson, 1989; Levy, 2006)으로 집약된다. 그 외에 김흥순·이명훈(2006)은 도시미화운동이 현대 도시설계에 중요한 모티브를 제공했다는 점에서 그 의의를 높이 평가한다.

하지만, 이보다 훨씬 많은 비판적인 평가가 도시미화운동에 제기되고 있는 것 또한 사실이다. 요란한 구호에도 불구하고 웅장한 설계를 통해 도시미화운동이 실제로 이룬 것은 별로 없었다. 이는 계획의 비현실성에서 기인하는 문제였다(Scott, 1969; van Nus, 1984). 일례로 시카고 계획은 용도지역제가 부재한 상황에서 사적으로 소유된 건물들을 정확히 같은 높이로 규제하고 있다(Garvin, 2013: 118). 그러나 현실적으로는 도시를 개조할 수 있는 법적인 수단이 없었음을 지적할 필요가 있다. 우선 토지수용이 오스만의 파리보다 훨씬 어려웠다(Garvin, 2013: 115). 개인의 토지이용을 규제하는 용도지역제(zoning)가 법적으로 공인된 것은 한참 후의 일이었다. 따라서 도로를 내기 위해 건물을 철거하는 것은 재정적으로나 정치적으로 거의 불가능한 일이었다.

어쩌면 버넘이나 도시 지도자들은 돈이 많이 드는 도시미화계획의 실질적 실현에는 관심이 없었는지도 모르겠다(Garvin, 2013: 114). 그들이 관심을 가졌던 것은 도시미화가 아니라 도시성장이었다고 생각된다. 멋진 그림을 통해 자본투자를 유치하는 것이 그들의 진정한 목표였다고 생각된다. 버넘은 "작은 계획은 세우지 마라"라는 어록으로 유명하다. 이는 버넘이 도시성장주의(urban boosterism)의 핵심을 누구보다 잘 이해했음을 보여준다. 버넘은 어짜피 도시성장은 기업의 투자로부터 이루어지는 것인데, 현실성을 이유로 작은 계획을 세운다면 기업과 투자자들을 감동시킬 수 없고 그 결과 투자는 물론 도시성장도 이루어지기 어렵다는 것을 알았을 것이다.

버넘은 그의 계획이 사회적 통합과 선세 도시의 발견을 추구하는 것이라고 주장했다. 버넘은 돈 있는 사람들이 좋아하는 도시를 만들고 그들을 끌어들이면 이로 인해 도시가 부유해지고 모든 시민들이 혜택을 볼 수 있다고 주장했다(Talen, 2005: 141). 도시미화운동의 옹호자들은 도시미화운동을 통해 노동계급에게 공원과 같은 여가 공간을 제공함으로써 노동자들을 위로하고 정서적 순화를 이룰 수 있다고 주장했다(Cullingworth, 1997: 43).

하지만 도시미화운동의 본질은 노동계급의 열악한 현실을 시야에서 치워버리고자 한 것이었다. 이러한 관점에서 비판자들은 도시미화운동을 값비싼 '화장술'로 폄하한다(Hall, 1988: 182). 그 사고의 기저에는 당대 상류층이 공유했던 노동자, 이민자, 사회주의, 계급갈등, 도시폭동에 대한 공포가 포괄적으로 깔려있었다(Cullingworth, 1997: 43). 1886년 경찰 7명과 민간인 4명이 사망한 시카고 헤이마켓(Haymarket) 사건은 미국과 시카고 상류계급에게 노동계급에 대한 지울 수 없는 혐오와 공포심을 심었고, 도시미화운동은 그러한 사고의 도시계획적 차원의 대응으로 평가할 수 있다. 이러한 인식에서 Catanese and Snyder(1979)는 도시미화운동을 현실성 없는 특권층에 의한 특권층을 위한 공허한 계획이었다고 비판한다. 같은 맥락에서 마르크스주의자들은 도시미화운동을 사회경제적 현실을 도외시한 부르주아적 프로젝트로 폄하한다(Manieri-Elia, 1979; Hudson, 1979; Marcuse, 1980; Boyer, 1983; Foglesong, 1986). 도시미화운동은 당시 도시문제의 핵심인 빈곤이나 주택문제에 무관심한 채 노동자들을 통제하는 데에만 관심이 있었다는 비판으로부터 자유롭지 못한 것이 사실이다(Talen, 2005: 146).

멈포드(Mumford)를 비롯해서 Hall(1988), Kostof(1991) 등은 도시

미화운동으로부터 전체주의, 또는 권위주의의 징후를 찾는다. 도시미화운동의 미학적 인식은 무솔리니의 로마와 히틀러(건축가 Albert Speer)의 베를린 계획(Germania Plan)을 거쳐 최근에는 1970년대 건설된 루마니아의 부크레시티(Bucharest)와 평양으로 그 전통이 이어지고 있다(Lang, 2000: 82). 이렇듯 도시미화의 접근이 주로 전체주의 정치권력에 의해 채용된 것은 그 통일성에 기초한 권위주의적 경관이 절대권력의 상징에 잘 부합된다고 판단했기 때문인 듯하다.[32)]

그림 3-26 Speer의 게르마니아 계획

많은 비판에도 불구하고 도시미화운동의 실질적 성취는 오히려 매우 작은 단위에서 이루어졌다(Levy, 2006: 36). 전선의 지중매설, 상징적 광로의 건설, 공공청사의 건축, 시민공원의 조성 등이 그 예이다. 도시미화운동의 계획개념은 오늘날 도시설계의 토대를 이루며, 동시에 도시성장주의와 장소마케팅에 기본적인 아이디어를 제공했다고 볼 수 있다. 또한 역설적으로 사람들에게 용도지역제의 필요성을 주지시켰다고도 볼 수 있다. 오늘날 각광받는 공공디자인과 뉴어바니즘(New Urbanism)은 도시미화운동의 후계자라고 할 수 있다.

---

32) Thadani(2010: 107)는 도시미화운동의 고전주의에 대한 집착이 고대 그리스, 로마의 민주공화정을 형상화한 것이라는 전혀 상반된 평가를 내리고 있다.

도시미화운동은 미국에서 도시계획 전문가의 등장을 촉발시켰다. Garvin(2013: 101)은 버넘과 그의 동료들이 계획이라는 것이 존재하지 않던 시기에 계획가가 수행해야 할 일들을 발명했다고 평가한다. 전문가의 등장은 시대적으로 미국의 산업화와 중산층의 등장과 궤를 같이 한다. 20세기 들어 미국 사회는 전문가들에 의해 주도되는 사회로 진입한다. 이와 같은 전문성에 대한 자각과 도시미화 안에 내포된 효용성(beautility)에 대한 인식은 도시미화운동을 비판하고 등장한 도시효율성운동(City Efficiency), 시정개혁운동(Municipal Reform)의 태동에 중요한 단서를 제공하게 된다(Cullingworth, 1997: 43).

4) 도시효율성운동

워싱턴 D.C.에서 제1차 전국계획회의(The First National Planning Conference)가 개최된 1909년은 도시미화운동의 종식과 도시효율성운동의 시작을 알린 해였다. 종종 '도시기능운동(City Functional)' 또는는 '도시과학운동(City Scientific)'으로도 불리는 도시효율성운동은 도시미화운동을 비판하고 등장했지만 실제로는 많은 부분을 공유하고 있어서 사실상 '신(新)도시미화운동(Neo-City Beautiful)'으로 평가할 수 있다. 이러한 시각에서 Talen(2005: 127)은 도시효율성운동이 도시미화운동에 새로운 방법론과 목적을 부가한 것에 불과하다고 평가한다.

제1차 전국계획회의는 도시미화운동을 통해 등장한 '도시계획'이라는 새로운 전문영역에 관심을 갖는 일단의 사회사업가, 변호사, 건축가, 조경가, 측량사, 건설업자, 부동산개발업자, 은행가, 회계사, 공무원들이 참여하여 개최한 전국회의였다. 참가자들은 도시미화운동의 아름다움에 대한 강조가 공허하고 한계가 분명하다고 주장했다

(Talen, 2005: 129). 그들은 아름다운 도시를 만들기 위해서는 막대한 자금이 필요하므로 미학적 관점으로만 도시에 접근해서는 안되고 사업비를 고려한 실용적 관점에서 계획이 이루어져야 한다는 점에 인식을 같이 했다. 참가자들은 도시미화운동과 다르게 도시를 실질적으로 살기 좋은 장소로 만들어야 한다는 데에 의견을 같이 했다(Wilson, 1989: 287). 그들은 도시계획이 경제적 실행성과 좋은 기업환경을 만드는 데에 기여해야 한다고 주장했다(Scott, 1969: 167). 이러한 효율성에 대한 강조 차원에서 운동은 '도시효율성운동'으로 이름을 얻게 된다.

이 회의 이후 도시미화운동의 열기는 점차 수그러들었고, '용도지역제(zoning)'를 중심으로 하는 '기능적 도시계획운동'이 부상하게 된다. 도시효율성운동이 전개되면서 도시계획은 도시 내 상하수도, 공원, 도로 등의 다양한 시설을 종합적으로 계획하고, 용도지역제를 통해 도시의 물리적 형태를 관리하는 전문영역으로 자리매김된다.

도시효율성운동의 중요한 기여는 다음 네 가지이다. 첫째, 도시계획을 전문직종으로 독립시켰다. 이전 시대 도시계획을 '그렸던' 건축가들과 마찬가지로 버넘에게 있어 도시계획은 고급 여흥에 불과했다. 건축가 버넘은 건축설계를 통해 얻은 수익이 있었기에 도시계획이라는 '취미활동'에 몰두할 수 있었다. 계획의 실현에 크게 신경을 쓰지 않은 것도 이러한 이유에서 기인하는 바가 컸다. 둘째, 시민들의 재산권 보호에 대한 욕구를 반영하여 용도지역제의 보급과 확산에 적극적으로 나섰다. 이는 당시 행정 전 분야에 광범위하게 도입되었던 과학적 관리운동과 혁신적 시정개혁운동의 반영으로 볼 수 있다(김흥순, 2018). 셋째, 처음으로 '종합계획(comprehensive plan)'의 개념을 도입했다(Talen, 2005: 131). 도시효율성운동의 옹호자들은 계획이 도시의 모든 물리적 요소를 총망라해야 한다고 주장했다. 버넘 역시 전체 도시를 계획하는 마스터플랜을 주장했는데, 둘 간의 차이점은 버넘이 도시의 모든 것을 하나의 틀(도면) 속에서 다루는 계획을 고려했다면 도시효율성운동은 도시계획의 각 세부사항을 분야별로 나누어서 종합적으로 살펴보는 접근을 제시했다는 점에서 찾을수 있다(Peterson, 1996: 50). 넷째, 과학적 도시계획을 강조하면서 조사와 분석에 힘을 쏟게 되었다(Talen, 2005: 132). 이는 동시대 영국에서 나타난 게데스의 시도와 같은 것으로 도시계획은 비로소 전문성과 합리성의 근거를 얻게 된다.

전술한 것처럼 도시효율성운동은 도시미화운동과 많은 부분을 공유한다. 첫째, 물리적 계획접근의 방향성이 유사했다. 방사형 광로를 개설하고, 길을 넓히고, 철도 노선을 조정하고, 전선, 전주, 광고판을 정비하는 등의 도시미화운동 이래의 계획접근이 계속되었다. 추가된 부분은 주택의 개선과 용도지역제의 적용 정도였다(Scott, 1969: 98). 따라서 1920년대까지 이루어진 도시계획 프로젝트들은 도시미화운동 시기의 계획과 거의 차이를 보이지 않음을 확인할 수 있다(Talen, 2005: 125 – 6). 결과적으로 광의의 도시미화운동은 1920년대까지 계속되었다고 볼 수 있다.33)

둘째, 도시효율성운동의 옹호자들은 표면적으로 미화(beautifi-cation)를 도시만들기의 최종목표(goal)로 받아들이기를 거부했다. 그러나 아름다움은 여전히 도시계획에 있어 중요한 중간목표로 다루어

---

33) Thadani(2010: 107)는 도시미화운동의 지속기간을 좀 더 넓게 파악해서 1890년대부터 대공황 시작 시점까지로 정의한다.

졌다. 도시효율성운동의 참가자들은 1930년대에 이르기까지 '예술로서의 도시계획', '유용성과 아름다움의 결합', '편리성과 매력', '아름다움이 보장될 때까지 완전히 끝난 것이 아니다' 등을 주제로 여러 차례 토론회를 개최했다(Adams, 1935).

셋째, 도시효율성운동은 물리적 정비를 통해 좋은 기업환경을 만드는 데에 기여하는 것을 도시계획의 중요 목표로 설정했는데 이는 도시미화운동이 추구했던 도시성장주의와 지향성을 공유하는 측면이라고 할 수 있다.

넷째, Talen(2005: 126-127)은 도시효율성 운동의 실행력과 과학성의 강조가 이미 도시미화운동 시기부터 진행되어온 것이라고 주장한다. 워싱턴 D.C. 계획은 도시를 '과학적으로 아름답게'하자는 슬로건 하에 진행되었으며, 1909년 시카고 계획은 교통체계의 개선에 많은 관심을 가졌다. 전술한 것처럼 버넘 등은 도시 만들기에 있어 일관되게 아름다움과 유용성의 통합을 강조했다. 이는 도시효율성운동이 도시미화운동의 단절이 아닌 진화와 계승을 통해 나타난 도시계획운동임을 보여준다. 도시효율성운동의 지도자인 놀렌(Nolen)은 도시미화운동과 도시효율성운동이 각각 도시가 어떠한 모습이 되어야 하는지와 그것을 어떻게 실현하는지에 대한 설명으로 '도시만들기라는 동전'의 양면에 다름아니라고 주장했다(Talen, 2005: 127).

다섯 번째 공통점은 도시미화운동과 도시효율성운동이 전문가, 전문성, 물리적 계획에 대한 강조라는 특징을 공유한다는 점이다. 이는 이들 운동이 두 개의 뿌리를 공유하고 있음을 의미한다. 하나는 당시 미국 지방정치의 부패에 맞선 시정개혁운동의 연장에서 이들 운동이 출현했다는 것이나(Cullingworth, 1997). 버넘은 자신을 혁신운동의 지도자라고 생각했다(Gerckens, 1988: 30). 다른 하나는 이들 운동이 듀이(John Dewey)가 주창한 사회문제에 대한 과학적 접근 원칙을 공히 수용하고 있었다는 점이다(Talen, 2005: 129). 도시효율성운동은 사회개혁가와 물리적 계획가들의 협력에 의해 출발했다. 그러던 것이 1910년과 1911년 전국주택협회(National Housing Association)와 전국도시계획회의(National Conference on City Planning, NCPP)34)가 결성되면서 두 세력은 균열하게 된다. NCPP 참가자들의 다수는 도시미화운동의 활동가들이었다.35) 이들은 사회개혁보다는 전문성에 강조점을 두었다.

이후 미국 도시계획은 '도시문제에 대한 공학적(기술적) 접근'으로 자신의 정체성을 규정하게 된다. 이로 인해 도시효율성운동이 처음 공유했던 주택문제, 공중위생 등의 문제는 도시행정의 문제로 치부되고 도시계획은 교통과 가로체계, 공원과 오픈 스페이스, 공공건물의 입지와 같은 물리적 측면에만 초점을 맞추어야 한다는 주장이 힘을 얻으면서 도시계획의 영역이 축소되는 결과가 나타났다(Talen, 2005: 129). 이들의 계획은 용도지역도면(zoning map)으로 대표되는 청사진계획으로 나타났다. 이를 통해 도시효율성운동이 용도지역제를 제외하고는 도시미화운동과 내용적으로 크게 달라진 점이 없음을 확인할 수 있다.

---

34) 1917년 미국 도시계획협회(The American City Planning Institute)로 개칭되고 이후 1978년 결성되는 The American Planning Association(APA)의 모태가 된다.
35) Frederick Law Olmstead Jr.가 그 대표적 인물이다.

Chapter 04

근대 도시계획의 아버지: 에버니저 하워드

에버니저 하워드(Ebenezer Howard: 1850~1928)는 근대 도시계획의 사상, 내용, 기법을 정립한 '근대 도시계획의 아버지'이다. Sussman(1976)은 하워드의 도시계획에 대한 영향을 코페르니쿠스의 천문학에 대한 영향에 비유하였으며, Hall(1988)은 하워드를 20세기 도시계획 지식사에서 가장 중요한 한 명이라고 평가하였다. 멈포드(Mumford)는 "20세기 초 인류는 두 가지 위대한 발명을 했다. 비행기와 전원도시가

그림 4-1 에버니저 하워드

그것이다. … 전자는 인류에게 날개를 달아주었으며, 후자는 인류가 지상으로 내려왔을 때 머무를 수 있는 양질의 주거공간을 약속했다"고 전원도시를 극찬했다(조재성, 2020: 75).

하워드는 본인 의사와 무관하게 오웬과 버킹엄으로부터 시작되어 이후 애버크롬비(Abercrombie)와 멈포드, 페리(Clarence Perry), 스나인(Clarence Stein) 등으로 이어지는 영미 도시계획의 선봉을 조소했

다고 볼 수 있다. 그가 제시한 신도시와 그린벨트, 도시규모, 자족성, 토지공개념, 근린주구, 사회도시 이념은 오늘날까지 도시계획에서 핵심적 기법으로 활용되고 있다. 물론 그의 사상은 그 자신이 개발했다기보다 그 이전 공상적 사회주의자 이래의 유토피아 전통과 그가 신봉한 협동적 사회주의 이념으로부터 차용된 것이었지만 하워드는 그 집대성을 통해 현대 도시계획이 나아가야 할 방향을 제시했다고 할 수 있다.

1. 하워드의 사상

　　1850년 런던에서 태어난 하워드의 초년 운은 썩 좋지 못했다. 15세에 정규교육을 마치고 속기 일을 배운 후 다양한 단순 사무직을 전전했다. 손대는 일마다 잘 풀리지 않았다. 영국을 떠나 미국으로 갔지만 거기서도 운이 따르지 않았다. 처음에는 농사를 지으려다가 적성에 맞지 않아 그만두었고, 시카고에서는 기자 일을 하기도 했다. 20대 중반에 런던으로 돌아와 속기 일로 생업을 이어갔다.

　　하워드의 초년 고생은 그의 더 나은 세상에 대한 갈망과 개혁적 사고를 단단하게 만들었다. 거듭된 인생의 실패는 그를 치밀한 계획가이자 실행가로 단련시켰다. 세상을 개혁하고자 하는 그의 열정은 그를 협동적 사회주의(Cooperative Socialism)로 이끌었다. 하워드는 영국인 특유의 창의적이고 실용적인 아이디어를 바탕으로 자신의 협동적 사회주의 이념을 실현하고자 했다. 하워드가 추구한 도시의 분산(분권)은 협동적 사회주의가 주창하는 중요한 슬로건 중 하나이다.

　　사실 하워드의 전원도시는 오웬과 버킹엄의 이상도시와 몹시 흡사하다. 오웬의 이루지 못한 도전이 하워드의 전원도시를 통해 실현되었다고 볼 수 있다. 방사형 도시구조와 공장지대의 주변 배치는 르두와 버킹엄의 이상 도시계획으로부터 차용된 개념이다. 크루프 (Krupps) 등 기업가들이 조성한 컴퍼니 타운(company town)의 성과도 하워드에게 일정 부분 영향을 미쳤을 것으로 추정된다(Talen, 2005: 177).

하지만 하워드 스스로가 인정하는 보다 직접적인 영향은 벨라미 (Edward Bellamy)의 유토피아 소설 『뒤돌아 보며(*Looking Backward*)』 와 헨리 조지(Henry George)의 『진보와 빈곤(*Progress and Poverty*)』, 마샬(Alfred Marshall)[1]의 논문에서 찾아진다(Fishman, 1982; Hall, 1988). 많은 사회개혁가들에게 영감을 제시한 저술로 알려져 있는 '뒤돌아 보며'는 비폭력적 수단을 통해 사회주의로 이행해가는 미래사회(2000 년)를 그린 공상과학소설이다. 한편 '진보와 빈곤'은 사회의 모든 문제가 토지의 사적 소유에서 기인하므로 토지소유에 대해 과세함으로써 토지로부터 발생하는 이윤을 0으로 만들어야 한다는 주장을 담고 있는 경제저술이다. 이들 저술들은 모두 영미 계통의 개혁적 전통을 계승한다는 점에서 하워드 역시 영미전통의 비폭력 사회개량운동의 일원임을 확인할 수 있다.

경제학자 마샬은 런던 거주자의 일부가 새로운 정주지 조성을 통해 농촌으로 이동할 경우 이주하는 자나 남는 자 모두가 편익을 얻을 수 있다는 논지의 논문을 발표했다. 마샬은 런던으로부터 떨어진 곳에 토지를 싼 값에 구입해서 개발할 경우 지가의 상승으로 초기투자비를 회수할 수 있다고 주장함으로써, 하워드의 자금조달 계획에 중요한 아이디어를 제공했다.

---

1) 훗날 전원도시협회의 회원이 된다.

하워드에게 미친 또 다른 영향은 도시문제에 대한 반발로 당시 유행하던 귀농운동과 러시아의 무정부주의자 크로포트킨(Kropotkin)이 시도한 도농통합 공동체 구상에서 찾아진다(Hall, 2000).

2. 1890년대 영국[2]

1890년대 영국은 공중위생법의 운용으로 1840년대보다는 상황이 많이 개선되었지만 도시의 주택, 환경, 위생 조건은 여전히 열악한 상태에 있었다. 노동자의 평균수입 향상과 의료 및 주택수준의 개선에도 불구하고, 1891년 센서스에 따르면 여전히 최소한 11%(3백만명 이상)의 국민이 방 하나에 2명 이상 거주하는 상황이었다. 1880년대 맨체스터 시민의 평균 연령은 29세였다. 1880년대 말에서 1890년대 초에 수행된 조사에서 이스트 런던 인구의 1/4 이상이 빈곤선 아래에서 생활하는 것으로 파악되었다. 농촌의 상황 역시 열악했다. 영국 농민들은 값싼 농산물의 수입으로 고통받고 있었고 대부분의 지역에서 인구감소가 이루어지고 있었다. 교외화가 진행되고 있었지만 도시 노동자들은 교외에서의 삶을 감당할 만한 여유가 없었다. 자동차라는 이동수단의 도입이 본격화되기까지 본격적인 교외화는 지연될 수밖에 없었다. 더욱이 역사상 최악의 규제정책으로 기록된 '적기조례(Red Flag Act)'[3]의 제정으로 인해 자동차 보급의 확산은 무

---

2) Hall(2002: 31-32) 정리.
3) 19세기 영국에서 증기자동차가 도로교통과 안전을 위협한다는 판단 하에, 무게, 속도, 폭, 주행방식을 규제한 법률이다. 자동차는, 운전사, 기관원, 붉은 기를 가지고 차량의 60yd(55m) 전방을 걷는 사람 3명의 지시에 따라 운행한다는 내용을 담고 있다.

망해보였다.

3. 전원도시론

1898년 하워드는 『내일: 진정한 개혁으로 가는 평화적 경로(To-Morrow: A Peaceful Path to Real Reform)』라는 책을 자비로 출판했다. 그는 책에서 자신이 영국과 미국을 전전하며 느꼈던 사회적 모순을 해결하기 위한 나름대로의 방안을 피력했다. 분산을 통한 도시문제의 해결이 대안으로 제시되었다. 책은 예상 외로 많은 주목을 받았다. 1902년 『내일의 전원도시(Garden Cities of Tomorrow)』라는 이름으로 전정판(全訂版)이 발행되었는데, 여기서는 편집자의 주문으로 초판의 사회개혁에 대한 이상을 다룬 내용의 상당 부분이 삭제되고 전원도시 구상에 초점이 맞추어진다. 하워드는 본질적으로 물리적 형태보다 사회적 비전에 관심이 있었지만 사람들은 가시적 구상에 흥미를 느꼈다(Hall, 1988: 93).

이제 하워드가 주창한 전원도시론을 살펴보자. 하워드는 세 개의 말굽자석을 다이어그램[4]으로 그려서 대비되는 세 개의 지역사회를 설명한다. 그 첫 번째가 도시(town)다. 도시에는 일자리와 활력이 있다. 편의시설도 있다. 도시는 기회의 땅이다. 하지만 도시는 산업화로 오염된 환경과 높은 지가와 임대료 그리고 자연으로부터의 격리 등 심각한 도시문제를 경험하고 있다. 두 번째는 농촌(country)이다. 자연과 함께 하는 농촌은 도시보다 쾌적하다. 하지만 일자리와 편의

---

4) Hall(2000: 31)은 하워드의 다이어그램이 일반인들이 이해하기 쉬운 접근이었다고 평가한다.

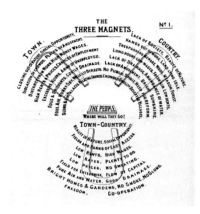

그림 4-2 세 개의 말굽자석

그림 4-3 전원도시 계획(전체)

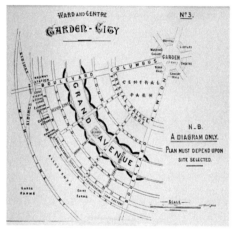

그림 4-4 전원도시 계획(구역)

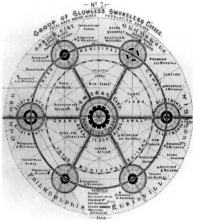

그림 4-5 사회도시 구상

시설, 활력이 부족한 침체의 땅이다. 결과적으로 유휴지가 많고 지가가 저렴하다. 하워드는 이들 두 개의 지역사회 모두 바람직하지 않다고 지적하면서 우리가 추구해야 할 지역사회는 '도시-농촌(town-country)'이라고 주장한다.

이 '도시-농촌'이 바로 전원도시(garden city)로서, 도시와 농촌의 장점만을 결합한 지역사회다. 전원도시는 사람들의 일상의 요구를 충족하고, 자연으로의 접근성을 보장하며, 사회적 교류를 실현하는 산업도시에 대한 대안으로 고안되었다(Lang, 1996: 123). 하워드는 전원도시에서 다양한 소득계층이 어우러져 하나의 커뮤니티를 이루는 방안을 구상했다.

흔히 생각하는 것과 달리 전원도시는 교외가 아니다. 전원도시론자들은 단조로우며 비인간적이라는 점에서 교외를 혼잡한 산업도시 이상으로 반대했다(Talen, 2005: 189). Mumford(1965: 39–40)는 하워드가 제안한 전원도시의 미묘한 개념을 다음과 같이 설명한다. "(전원도시는) 교외가 아니며, 오히려 교외를 반대하는 것이다. 그렇다고 농촌 속으로 들어가는 것도 아니고, 효과적인 도시생활을 위한 통합적 기초를 마련하는 것이다." 하워드는 도농통합 전원도시를 통해 토지의 공동소유와 개발이익의 공유, 자족적인 공간에서 함께 일하고 함께 나누는 시스템을 구축함으로써 이전의 오웬주의자들이 꿈꾸던 협동적 사회주의 또는 마을 공동체주의(communitarianism)를 실현하고자 했다. 멈포드는 하워드의 전원도시가 "새로운 도시문명의 출발을 알리는 토대를 마련했다"고 격찬했다(Hardy, 2000: 69).

제안된 도시 전체의 면적은 6천acre이며, 이 중 시가지의 면적은 1천 acre이다. 전원도시 중심에는 광장이 위치하며, 그에 연접해서 공원이 조성된다. 광장으로부터 여섯 개의 방사형 가로가 뻗어나간다. 여섯 개의 분리된 구역은 자족적인 생활권으로서 기능하게 된다. 공원 주변에는 공공시설이 배치된다. 공공시설 바깥쪽에 주택, 교회, 학교, 상업시설 등으로 구성된 근린생활권이 조성된다. 도시 중심으로부터 뻗어나가는 방사형 도로는 모두 6개로, 결과적으로 도시는 6개의 근린생활권으로 구분된다. 하나의 근린생활권은 1천가

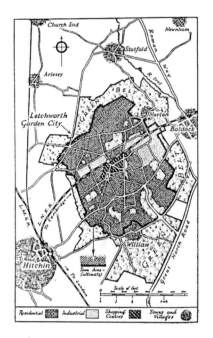

구, 5천명을 수용해서 전체 도시부는 3만명의 인구를 보유하게 된다. 근린 생활권 맨 바깥쪽으로 완충녹지가 조성되고 그 밖에 공장을 위치시킴으로써 상충기능 간의 분리를 꾀한다. 공장지대 외곽에 도시의 외연적 확산을 방지하기 위해 보전녹지(농지)를 두르는데 5천 acre 농지의 수용인구는 2천명이다. 전원도시는 농지를 통해 분명한 경계를 갖게 된다. 농지는 식량 생산의 기능과 함께 도시의 무분별한 팽창을 제어하는 허리띠(belt)의 역할을 수행한다. 이 농지는 그린벨트로 명명

그림 4-6   그린벨트에 의해 둘러싸여진 레츠워스

되었고 이후 애버크롬비의 대런던계획에서 핵심적인 기능을 담당하게 된다.

시가지의 밀도는 중밀 수준으로 계획되었다. 인구밀도는 30명/acre 이고 호수밀도는 15호/acre(37호/ha)로 계획되었다(Hall, 2002: 33). 이는 도시 활력에 대한 고려와 함께 교통체계가 도보에 의해 이루어진다는 점, 그리고 기존 도시의 과밀에 대한 경계가 종합적으로 고려된 결과라고 볼 수 있다. 전원도시는 산업 기능과 농업 기능의 공존을 통해 오웬이 꿈꾸었던 공동체의 자족성이 실현될 수 있도록 구상되었다.

전원도시의 인구는 중심 전원도시의 경우 최대 5만 8천 명까지 증가를 허용하지만, 그 이상의 성장은 불허하고 인접 지역에 새로운

전원도시를 조성한다. 각각의 전원도시들은 다양한 일자리와 서비스를 통해 상호 보완적인 관계를 유지한다. 개별 전원도시의 인구한계는 3만 2천 명이고 6개까지 새로운 신설이 가능하다. 이 경우 도시권의 인구는 25만 명이 된다. 근린생활권 내에서의 이동은 도보에 의해 이루어지지만, 각 전원도시는 철도로 연결된다. 철도로 연결되는 도시권은 '사회도시(social city)'로 명명되었다(그림 4-5). 멈포드는 이러한 사회도시가 혼잡한 대도시의 기능을 대체할 수 있을 것이라고 생각했다(Levy, 2006: 48).

부지는 침체된 농촌에서 저렴하게 구입하고 개발로 인해 지가가 상승하면 최초 융자금을 상환하도록 한다. 지가가 그보다 더 상승하면 그 이익을 부동산의 소유자인 조합 등 지역사회에서 공유하고 이를 지역사회의 발전을 위해 사용한다. 이를 통해 하워드가 일찍이 마샬이 주장한 지가의 상승을 사업성 확보의 근거로 고려했음을 알 수 있다. 사람들은 이를 '박애적 투기(philanthropic land speculation)'라고 부른다(Fishman, 1982). 하워드는 그의 구상이 기성의 방임적 자본주의와 관료 사회주의보다 우수한 제3의 사회체제라고 주장했다(Hall, 1988: 94).

건축교육을 받은 바 없는 하워드는 자신의 주장을 문장 외에 다이어그램으로 설명하면서 다이어그램 한 구석에 구체적인 설계는 반드시 현지 사정을 고려해서 이루어져야 한다고 명시했다. 즉, 계획은 큰 틀에서 방향성만 제시하고 구체적인 설계는 상황과 부지조건에 따라 진행될 수 있도록 유연성을 부여한 것이다.[5] 하워드의 이러한

---

5) 같은 맥락에서 하워드의 구상을 구체적으로 실현한 언윈(Unwin)도 해당 사업의 필요사항과 부지의 조건을 철저하게 고려하여 설계안을 작성했다(Talen, 2005: 139).

접근은 이전의 건축가들이 도시 전체를 상세하게 그리던 마스터플랜식 접근과 대비되는 과정중심 계획의 맹아를 보여줬다는 점에서 큰 의의를 갖는다고 볼 수 있다(김흥순, 2017: 123). 드디어 근대 도시계획이 등장한 것이다. 하워드의 후예인 현대 도시계획가들은 건축도면처럼 상세하게 그려진 청사진계획을 실현시키기 위해 애쓰는 대신, 현상을 반영해서 기본 컨셉을 점진적으로 구체화시키는 과정중심의 전략을 채택하고 있다.

결국 하워드는 '건축가들의 놀이터'였던 도시계획에 독자적인 방법론을 부여함으로써 도시계획을 독립된 분야로 승격시키는 첫 단추를 끼웠다고 볼 수 있다. 이러한 맥락에서 도시역사가들은 하워드를 '근대 도시계획의 아버지'라고 부른다.

4. 전원도시의 실현

하워드는 근대 도시계획의 아버지일 뿐 아니라 근대 개발업자(developer)의 아버지이기도 하다. 하워드의 '내일의 전원도시'는 내용의 상당 부분을 자금 조달과 운영에 대한 부분에 할애하고 있다. 하워드는 자신의 아이디어를 책으로 출판하는 것에 만족하지 않고 실현시키기 위해 분투했다. 정치가, 재력가, 지식인, 실무자들을 모아서 1899년 전원도시협회를 창립했고, 자금을 끌어 모았으며, 토지를 매입하고 건축가를 섭외했으며 시공사를 끌어들였다. 그렇게 해서 1903년에 만들어진 첫 번째 전원도시가 런던 교외의 레츠워스(Letchworth)이다. 3,800acre의 면적을 갖는 레치워스는 런던에서 적당한 거리(북쪽으로 34mile)에 위치해 있으며, 농업이 침체되어 있어서 지가가 저렴하다는 점에서 개발대상지로 선택되었다(Hall, 1988:

그림 4-7 레츠워스　　　　　　그림 4-8 웰윈 주택지

96). 계획인구는 3만 5천 명이었으며, 그 중 1/7을 농업지구에 배치하는 계획이 수립되었다(조재성, 2020: 95). 주택밀도는 acre당 12호로 계획되었다. 조재성(2020: 96)은 레치워스에서 근린주구 개념의 원형을 찾는다. 즉, 공장을 중심으로 주위에 주택을 집중 배치함으로써 자족적 생활단위를 구성했다는 것이다.

　그럼에도 불구하고 실제로 구현된 레치워스의 모습은 하워드가 당초 생각했던 것과는 상당히 다른 것이었다(프램튼, 2017: 83-84). 도시는 철도에 의해 양분되었으며, 공업지역은 주거지역과 분리되지 않았다. 하워드보다는 설계자인 언윈(Unwin)과 파커(Parker)의 영향력이 크게 작용했다.

　현실과의 타협을 거부하지 않았음에도 현실은 녹녹치 않았다. 이전 시기 공상적 사회주의자들의 사례와 마찬가지로 수익성 악화가 가장 큰 문제였다. 레츠워스는 자금모집과 기업유치에서 어려움을 겪었다. 하워드는 노동조합과 연대하기를 원했지만, 사업은 점점 일부 자본가들에게 의존하는 방향으로 흘러갔다. 결국 하워드가 운영에서 배제되는 일이 발생했다. 처음 2년 동안 불과 1천 명이 이주해왔다. 이후 레츠워스는 하워드의 처음 구상으로부터 더 많이 벗어나게 된다(Hall, 1988). 문제는 노동자들이 지불하기에는 주택가격이 너무 높다는 것이었다. 구매력이 있는 중산층들의 주말별장으로 기능을 전환함으로써 수익성을 확보하고자 하는 시도가 이루어졌고, 하워드가 주민으로 생각했던 노동자들은 더욱 배제되는 결과가 나타났다. 언윈과 파커의 아름다운 설계는 중산층의 기호에 맞는 것이었다. 우여곡절 끝에 10년 후에는 일정한 배당금을 지급할 수 있었고, 1938년에는 인구도 1만 5천 명에 이르게 된다. 레츠워스는 제2차 세계대전 후 대런던계획의 일부로서 최종 완성을 이루게 된다.

레츠워스는 하워드의 사회개혁에 대한 이상이 그나마 잘 실현된 도시였다. 하워드의 이상에 공명한 많은 이상주의자들이 주민으로 입주했다.[6] 하지만 사람들이 주목한 것은 하워드가 실현하고 싶어 한 이상이 아니라 언윈과 파커가 설계한 레츠워스의 외관이었다. 결국 전원도시협회의 명망가들과 실무자들은 원래 전원도시론에 담긴 급진적 사상이 전원도시의 확산에 장애가 된다고 생각하기에 이른다. 그리하여 두 번째 전원도시에서는 이념적 내용을 훨씬 탈색시키고 기능과 형태적 측면에 더욱 초점을 맞추게 된다(Fishman, 1982: 79-80). 그것이 1919년 건설된 웰윈(Welwyn)이다. 웰윈은 통근자를 위한 중산층 교외주택지로 개발되었다는 평가를 받았다(홀, 2005: 150). 웰윈은 1921년 정부로부터의 융자를 통해 전원도시의 고질적 문제인 재정문제를 타개했다(Thadani, 2010: 344). 웰윈은 아름다운 신(新)조지(Neo-Georgian) 양식의 설계로 유명한데, 이로써 하워드의 이상은 사실상 아름다운 경관 뒤편으로 사라졌다고 볼 수 있다.

---

6) 초기 이주자들은 대부분 이상주의자와 예술가들로 그들의 기이한 성향은 레츠워스의 이미지를 나쁘게 만드는 데 일조했다(Hardy, 2000: 69).

5. 전원도시의 변형과 계승

전원도시 아이디어는 사람들로부터 많은 주목을 받았다. Talen(2005: 181)은 1913년까지 영국에서 전원도시 류(流)의 개발사업이 모두 58개나 진행되었으며, 미국에서도 제1차 세계대전 시기까지 많은 주택사업이 전원도시의 영향하에 진행되었다고

그림 4-9 햄스테드 전원교외

보고한다. 하지만 이들 '전원도시'는 하워드의 전원도시라기보다 언윈과 파커의 전원도시라고 보는 것이 맞을 것이다. 이상은 사라지고 외형만 남은 침상(dormitory) 전원도시라 할 수 있는데, 후일 도시역사가들은 이들 교외단지를 '전원교외(garden suburb)'라고 부른다. 현대의 신도시들은 대부분 하워드의 전원도시가 아닌 전원교외의 후예들이라고 평가할 수 있다. 전원교외는 아름답고 쾌적했지만 자족성을 결여했고 거주자들은 런던으로의 통근자들이었다.

뼈아픈 부분은 하워드의 핵심 추종자인 언윈이 최초의 전원교외 햄스테드(Hampstead)를 설계했다는 사실이다. 1938년 언윈은 발로우 위원회(Barlow Commission)에 출석해서 하워드의 가장 큰 공헌은 '전원도시'가 아니라 '전원교외'라고 주장했다(Hall, 1988: 111–112). 하지만 왜곡은 하워드 생전에 만들어진 레츠워스와 웰윈에서부터 이미 시작된 것이었다. 그것이 현실이었고, 현실주의자 하워드는 조용히 대세를 받아들였다. 하지만 사회개혁을 위해 시작된 전원도시운동에서 사회개혁은 사라지고 형태만 남은 것은 분명히 본말이 전도된 결

론임을 지적하지 않을 수 없다. 이제 도시계획은 이념이 아닌 순수한 기술로서 남게 되고 그러한 전통은 오늘에 이르기까지 계속되고 있다.

Hardy(2000)는 전원도시가 불완전한 세상에서 이룰 수 있는 최선의 정주지인 '유사-유토피아(quasi-utopia)'라고 평가한다. 모든 유토피아(u-topia)[7]가 그렇듯 하워드의 전원도시도 애당초 지상에서 이룰 수 없는 프로젝트였는지도 모르겠다. 그럼에도 불구하고 하워드에게서 가장 귀감이 되는 부분은 그가 최선이 아닌 차선을 찾아서 끊임없이 분투했다는 점이다. 하워드는 현실의 제약 앞에서 결코 포기하거나 낙담하지 않고 끊임없이 자신의 이상에 가장 가까운 선택을 했다. 언제나 극단주의를 배격하고 현실성을 중시한 하워드의 성향이 어려운 상황 속에서도 두 개의 현실 전원도시를 실현하도록 이끌었다고 볼 수 있다.

하워드의 이념은 중도 또는 온건한 사회주의로 평가할 수 있는데, 매우 복잡하고 독특한 관점을 가진 것으로 평가할 수 있다. 그의 사상은 세 번째 말굽자석에 대한 설명 말미에 씌어진 '자유(freedom)'와 '협력(cooperation)'으로 집약된다(그림 4-2). 우선 그는 자본주의의 폐해를 개선하고자 나섰다는 점에서 사회주의자라고 볼 수 있다. 그러나 개인의 자유를 억압하는 전체주의나 국가의 통제, 개입에도 반대했다는 점에서 전형적인 자유주의자였다. 그는 자본주의만큼이나 관료적 사회주의를 혐오했다. 그는 획일화된 집단적 삶에 반대했으며, 구성원의 자발성에 기초한 협력을 중시했다. 그가 추구한 공동

---

7) 토마스 모어가 그리스어의 on(없는)과 topos(장소)를 결합하여 만든 조어인 유토피아는 결국 '지상 어디에도 없는 장소(nowhere)'로 해석할 수 있다.

체의 '공동'은 동일화(sameness)가 아니라 협력(cooperation)에 방점이 있다고 볼 수 있다(Talen, 2005: 63). 따라서 '협동적 사회주의자(cooperative socialist)'가 그나마 그에게 가장 맞는 호칭이라고 생각되는데, 결국 어느 쪽에도 서지 않은 하워드에게 주어진 것은 모든 이로부터의 비난뿐이었다. '평화적 사회개혁의 길'을 제시한 하워드의 이상은 좌우 양측으로부터 공격받았다. 우파로부터는 지나치게 이상적이라는 비판을, 좌파로부터는 진정한 사회변혁을 가로막는 부르주아적 개량주의라는 비판을 받았다.

전후(戰後) 하워드의 후계자들은 하워드가 어려움 속에서도 끝까지 포기하지 않았던 정부개입 없이 자조적 노력만으로 전원도시를 만들고 운영한다는 이상을 버리고 전원도시를 사회주의 복지 프로그램의 일부로 편입시켰다. 이러한 틀 속에서 하워드가 꿈꾸었던 개인의 자유와 자율적 협동이라는 이상은 사라지고 전원도시는 관료주의와 통제에 의해 작동하는 주택 프로그램으로 전락하게 된다. 일찍이 버나드 쇼(George Bernard Shaw)가 지적했듯이 전원도시의 선택은 처음부터 일부 온정주의적 기업주들의 컴퍼니타운이 되거나 국유화되는 방법밖에는 없었는지도 모르겠다(홀, 2005: 136). 하워드의 추종자들이 선택한 것은 후자의 길이었다.

Chapter 05

도시계획, 학문과 제도의 옷을 입다

스코틀랜드의 생물학자 패트릭 게데스(Patrick Geddes: 1854~1932)
는 도시계획을 최초로 학문화한 최초의 도시계획학자로 평가할 수
있다. 애버크롬비(Patrick Abercrombie: 1879~1957)는 하워드와 게데스
로부터 시작된 영국 도시계획의 전통을 정립한 인물이다. 그는 두
거장의 아이디어를 결합해서 근대 도시계획의 나아가야 할 방향을
정초했다. 애버크롬비가 작성한 대(大)런던계획(Greater London Plan)
은 영국을 넘어 전 세계 도시계획의 바이블로 평가받고 있다.

1. 게데스의 진화하는 도시

1) 게데스의 생애와 사상

게데스는 생물학에서 시작해 사회학, 지리학, 도시 및 지역계획
등 다양한 분야로 관심을 넓혀갔는데, 학부시절에는 찰스 다윈의 제
자인 헉슬리(Huxley)를 사사했고, 조교로 일했던 University College
London에서는 찰스 다윈에게 직접 지도를 받은 것으로 기록되어 있

그림 5-1 패트릭 게데스

다. 이로부터 생물학의 진화론적 사고는 그의 가장 중요한 사상적 토대를 이루게 된다. 그는 에딘버르 대학, 던디(Dundee)의 University College, 인도 봄베이 대학 등에서 교수로 재직했다.

그의 사상은 푸르동(Proudhon)과 크로포트킨 등 무정부주의에서 영향을 받은 것으로 평가된다(Hall, 1988: 143). 게데스가 생각한 무정부주의는 폭력혁명에 의해 체제를 전복하는 것이 아닌 소규모 자치 지역들의 자유로운 연대에 기초한 공동체의 추구로서, 하워드의 이상과 거의 일치한다고 볼 수 있다(Talen, 2005: 217). 하워드와 마찬가지로 게데스는 공동체 속의 개인과 그들의 자유로운 협력을 지역에 대한 이해 및 계획의 근간으로 삼았다(Talen, 2005: 218). 그는 다윈의 적자생존 개념을 무정부주의의 관점에서 재해석해서 (종간의) 협력과 상호지원이 관련 종들을 번성시키는 요체라고 설명했다(Gould, 1997).[1]

그는 오늘날 생태사회주의자들과 마찬가지로 평등한 사회는 자연과의 조화를 통해 이루어진다고 주장했다. 그러한 관점에서 Pepper(1996)는 게데스를 현대 녹색정치의 선구자로 평가한다. 게데스는 무정부주의적 시각에서 인간과 자연이 경험하고 있는 도시문제가 정부와 자본에 의해 야기되고 심화된다고 보았다(Talen, 2005: 219-220). 그는 도시계획이 자연에 대한 총체적 이해를 바탕으로 자

---

1) 이는 다위니즘의 자의적 해석이 아니라 다윈도 인정했던 부분인데, 다윈의 제자 헉슬리에 의해 폐기되면서 잊혀진 개념이 되었다(Talen, 2005: 219).

연의 질서와 아름다움을 건설적으로 보전하는 작업이라고 주장했다 (Talen, 2005: 220).

게데스는 프랑스에 머물면서 프랑스의 지리학자들과 교류했고 이들로부터 '지역(region)'의 개념을 도입하게 된다. 당시 프랑스의 지리학자들은 인간활동의 환경적 맥락에 대한 축적된 연구성과를 갖고 있었고, 게데스는 이를 통합적으로 발전시키고 싶어 했다(Talen, 2005: 217-218). 그것은 오늘날의 지역계획에 해당하는 개념으로, Hall(1988: 137)은 결과적으로 지역계획 분야가 게데스로부터 시작되었다고 평가한다. 이후 그의 지역계획 사상은 멈포드를 통해 영국을 넘어 미국으로 뻗어나가게 된다. 게데스는 또한 프랑스에서 오거스트 꽁트(August Comte)가 개발한 사회현상에 대한 과학적, 경험적 분석방법을 익힘으로써 도시계획을 과학으로 발전시키기 위한 토대를 다지게 된다(Thadani, 2010: 302).

게데스는 박식한 지식을 가졌지만 자신의 생각을 글이나 말로 조리있게 표현하는 능력을 갖지 못했다(Hall, 1988: 139). 그는 끊임없이 그리고 두서없이 자신의 개념과 주장을 반복했다고 한다. 게데스 자신도 자신의 문제를 잘 알고 있었다. 그러던 중 문필가 멈포드와의 만남은 인생의 큰 전환점이 된다. 게데스는 멈포드에게 자신의 정리되지 않은 생각을 글로 나타내줄 것을 요구했고, 이 과정에서 둘의 관계는 심하게 틀어지게 된다.

2) 과학으로서의 계획

자연과학을 학문적 배경으로 하는 게데스는 도시계획이 과학이 되어야 한다고 생각했다. 게데스는 1892년 노시계획을 노시생활을 종합적으로 연구함으로써 인간의 모습을 총체적으로 파악하고 이를 통해 도시의 사회적·경제적 개선을 실현하는 학문이라고 정의했다 (조재성, 2020: 86). 이러한 정의는 그의 관심이 정통 생물학에서 인간 생태학으로 확장되었음을 보여준다.

게데스는 1904년 발간된 *City Development* 이후 지속적으로 현실에 대한 파악인 조사의 중요성을 강조했다. 그는 모든 과학은 조사로부터 시작되며 그에 바탕을 두고 분석이 이루어진다는 점에서 계획 활동 역시도 조사(survey)→분석(analysis)→계획(plan)의 프로세스로 진행되어야 한다고 주장했다. 게데스가 도시계획에서 조사와 분석을 강조한 것이나 결과물로서의 계획(plan) 대신 계획과정 (planning process)의 중요성을 최초로 천명한 것은 청사진식 도면 만들기를 계획으로 이해하던 당시 도시계획계에 큰 파문을 일으킨 사건으로 평가할 수 있다(Taylor, 1998: 66; Hall, 2002: 43). 게데스가 제시한 계획과정은 오늘날의 계획과정과 비교해서 대단히 단선적이고 단순하지만, 계획이 과정을 통해 끊임없이 더 많은 정보를 수집하고 새롭게 수정되어야 한다는 인식을 최초로 제시했다는 점에서 의의를 갖는다. 계획과정에 대한 강조는 그의 진화론적 사고의 일단을 보여주는 예라고 할 수 있다.

계획에 있어 조사에 대한 강조는 그가 1914년 인도 캘커타와 마드라스 등의 도시에 대한 실태조사를 통해 퇴락한 시가지의 재개발이 아닌 수복(修復)을 제안한 부분에서 실천적 의의를 보여준다(조재성, 2020: 87). 당대 서구 계획가들이 식민지의 전통을 무시하고 근대주의적 계획을 무차별적으로 적용했다는 점에서 게데스의 제안은 특기할 만한 것이었다(Hamer, 2000: 207).

이러한 조사와 분석의 중시는 학문으로서의 도시계획의 시작을 알리는 것이었다. 즉, 게데스는 도시계획 활동에 있어 '결과(what)'보다 결과에 이르는 '방법(how to)'이 중요하다는 점을 지적함으로써 과학적 사고에 근거한 도시계획학의 정립에 첫 단추를 끼웠다. 게데스는 계획을 위해 지역이 지닌 여러 가지 자연환경과 인문환경에 대한 종합적이고 체계적인 조사가 이루어져야 한다고 주장했다. 그는 자신의 조사(survey)를 단순한 조사가 아닌 'civic survey'라고 명명했다(Talen, 2005: 220). 'civic survey'의 내용은 오늘날 종합계획 수립 시 수행하는 종합적 도시조사와 유사하다. 게데스는 'civic survey'가 단순한 데이터의 축적이 아니라 도시와 자연에 대한 총체적 이해를 가능하게 하는 작업이 되어야 한다고 역설했다. 조사과정에서 게데스는 사람, 장소, 경제(work)의 상호작용에 초점을 맞추었다(Talen, 2005: 234). 그는 버넘의 계획이 제대로 된 'civic survey'를 결여했기 때문에 결과적으로 불완전한 계획이 만들어졌다고 평가했다(Talen, 2005: 220).

우리가 특히 주목해야 할 부분은 게데스가 조사에 있어 공간에 대한 '지역조사'와 시간에 대한 '역사조사'를 함께 실시해야 한다고 주장했다는 점이다. 공간에 대한 조사는 당대인들 역시 익히 알고 있었던 부분이지만, 게데스의 공헌은 역사조사의 필요성을 역설한 부분에서 찾을 수 있다. 역사조사란 하나의 지역의 실체는 현상만을 보고서는 알 수 없으므로 과거로부터 어떠한 변화가 있어 왔는지를 시간의 흐름에 따라 살펴볼 필요가 있음을 강조한 것이다. 그는 현재와 미래를 이해하기 위해서는 과거를 연구해야 한다고 믿었다(Hamer, 2000: 197). 이러한 그의 시각 역시 도시가 지속석으로 변화한다는 진화론적 사고의 소산으로 볼 수 있다.

이러한 인식의 연장에서 게데스는 당시로서는 예외적으로 역사 자원의 보전을 강조했다(Freestone, 2000: 14).[2] 게데스는 오랜 세월에 걸쳐 진화해온 중세도시의 고밀 도시구조에 관심을 가졌다(Talen, 2005: 101). 그는 도시의 복잡성을 긍정적인 문화자원으로 이해했는데, 전통도시의 보전을 통해 도시가 지닌 특유의 복잡성과 다양성을 살릴 수 있다고 보았다(Talen, 2005: 88).[3] 그가 오래된 도시의 좁은 길과 과밀한 건물군집을 철거하고 광로와 대형 공공건축물을 짓는 오스만 식 도시계획에 비판적이었던 것은 자연스러운 귀결이라 할 수 있다(Hamer, 2000: 195).[4] 그는 역사 유산을 보호하기 위해 계획적 개입이 필요하다고 주장해서 오늘날 우리가 알고 있는 역사보전 (historic preservation)의 아이디어를 제시했다. 그의 아이디어는 흔히 '보전적 수술(conservative surgery)'로 불린다(Thadani, 2010: 302).

게데스는 런던대학 개방과정에 도시학 강좌를 개설해서 강의를 했고, 1909년 최초의 도시계획법이라 할 수 있는 영국 주택도시계획법(Housing, Town Planning, &c. Act 1909) 제정에도 참여했다. 게데스는 1915년 그의 진화론적 사고의 결정체라고 할 수 있는 『진화하는 도시(Cities in Evolution)』를 발간했다. 그는 당시 도시연구자들의 반(反)역사주의적 인식에 대항하여 도시의 성장과 변화하는 성격을 강

---

2) 그의 역사보전에 대한 강조는 생태학적 관점에서 파생된 자연보전의 연장으로도 볼 수 있다.

3) 이러한 그의 관점은 후술할 제이콥스(Jane Jacobs)의 시각과 유사한 부분이다.

4) 도시계획에 있어 디자인적 접근에 반하는 과학적 접근을 주창한 게데스가 디자인적 접근의 핵심인물이라 할 수 있는 지테(Camillo Sitte)와 동일한 주장을 한 것은 흥미로운 부분이다.

조했다. 그는 이 책에서 기술의 발전으로 석탄문명에 기초한 구(舊)산업시대(Paleotechnic)가 가고 전기와 자동차에 기반한 신(新)산업시대(Neotechnic)가 도래했다고 주장했다(Talen, 2005: 221).5) 이로 인해 대도시 주변의 농촌부로 인구의 대규모 지역분산이 가능해지고, 결과적으로 대도시와 주변 농촌의 유기적 유대가 가능해졌다고 주장했다. 이 과정에서 오늘날 우리에게 익숙한 연담화(conurbation)와 메갈로폴리스(megalopolis)의 개념이 제시되었다. 게데스는 이러한 산업 메트로폴리스의 부정적 측면을 해결하기 위해 도시 속으로 자연을 끌어들이는 도시녹화를 추진해야 한다고 주장했다(Talen, 2005: 242).

　게데스는 이처럼 공간에 대한 연구가 도시로 한정되어서는 안 되고 지역(도시영향권)으로 확장되어야 한다고 주장했는데, 이는 전술한 것처럼 프랑스 인문지리학자들의 영향에서 기인한 것이다. 이러한 광역화된 지역 안에서 도시는 기능적 유기체로서 상호 연계된다(Taylor, 1998: 62). LeGates and Stout(1998)나 Hall(2002: 43)은 게데스의 지역 개념이 하워드의 사회도시 개념을 발전시킨 것이라고 평가한다. 게데스의 유기적 도시체계 개념은 애버크롬비가 구상한 대런던계획에서 런던도심(inner city), 교외, 그린벨트, 비도시권(outer country)으로 구분되는 체계를 통해 현실화된다(그림 5 - 3)(Hall, 1988: 170).

　앞에서 본 것처럼 게데스의 사상은 하워드의 그것과 매우 유사해서 이후 영국 도시계획의 토대를 함께 이루게 된다(Hall, 2000: 21). 하워드와의 유사성은 산업도시에 대한 반감과 농촌지역에 대한 애

---

5) 이러한 역사해석은 멈포드의 『역사 속의 도시(*The City in History*)』에도 그대로 나타나 있다.

정, 전원과 근린으로 구성된 새로운 도시생활에 대한 옹호 등에서도 찾을 수 있다. 게데스의 농촌에 대한 애정은 이후 애버크롬비에 의해 계승된다. 애버크롬비는 농촌의 문제점을 지적하는 주장을 반박했고, 그 원형을 유지하기 위해 오히려 외부로부터의 위협을 통제해야 한다고 주장했다(Hall, 1988: 81–82). 오늘날 영국을 대표하는 도시계획협회의 명칭이 왕립 도시농촌계획협회(Royal Town and Country Planning Institute)6)이고, 도시계획법이 도시농촌계획법(Town and Country Planning Act)이 된 것은 우연한 결과가 아니다.

3) 평가

게데스의 계획사상은 영국에서 애버크롬비에게로 계승되어 대런던계획으로 구체화되었고, 이후 피터 홀(Peter Hall)에게로 연결되어 영국 도시계획의 뼈대를 이루게 된다. 또한 멈포드를 통해 미국에 전해져서 미국 도시계획에 큰 영향을 남긴 미국지역계획협회(Regional Planning Association of America, RPAA)의 창설에도 기여하게 된다.7) 1923년 설립된 RPAA는 하워드, 크로포트킨, 게데스로 이어지는 분산적 공동체의 이념을 효과적으로 통합하여 미국에 적용한 조직으로 평가된다(Hall, 2000: 23). 게데스는 이러한 업적을 인정받아 죽기 한해 전에 기사작위를 받게 된다.

게데스 공간사상의 중심에는 지역 개념이 자리잡고 있다. 그에게 있어 도시는 지역에 대한 사고의 일부로서 고려되었다고 볼 수

---

6) 하워드가 설립한 전원도시협회 역시 오늘날 Town and Country Planning Association으로 개칭됐다.

7) 게데스는 1925년 하워드, 언윈, 파커와 함께 RPAA가 개최한 국제회의에 참석하여 RPAA의 이상을 지지한 바 있다.

있다. 그는 제대로 된 도시계획은 도시권 내의 시가지와 주변까지를 함께 고려하는 것이 되어야 한다고 생각했다(조재성, 2020: 88). 그의 인식은 이후 대런던계획으로 결실을 맺지만, 그로 인해 그가 도시 개념에 대해 일부 오해와 편견을 가졌다는 평가가 제기되는 것 또한 사실이다(대한국토·도시계획학회, 2004: 317). 그는 도시와 농촌을 구분 하는데 큰 관심을 두지 않았다. 그는 도시를 독립된 실체가 아니라 전체 메갈로폴리스를 구성하는 단위 공간 정도로 이해했다(Thadani, 2010: 302). 그는 오히려 도시권에 전원이나 녹지와 같은 농촌적 성격 을 유입시키는 것에 관심이 많았다(Hall, 1988: 147). 그는 장래 도시 와 농촌이 상호 확장에 의해 수렴될 것이라고 예측했다.

2. 애버크롬비의 대(大)런던 계획

1) 생애

애버크롬비는 오늘날 런던을 비롯한 영국 도시권의 공간구조를 설계한 인물로, 영국 도시계획의 비조(鼻祖)인 하워드와 게데스의 진 정한 계승자로 이해된다(Hall, 2002). 건축가로서 경력을 시작한 애버 크롬비는 1909년 최초의 도시계획학과인 리버풀 대학 도시설계학과 (Department of Civic Design)의 교수로 부임하면서 도시계획가로서의 경력을 시작한다(Hall, 1988: 321). 그는 리버풀 대학에서 발간하는 학 술지인 *Town Planning Review* 의 초대 편집장을 맡으면서 그의 도 시계획에 대한 식견을 쌓아간다. 이후 그는 1914년 두 번째 도시계 획학과가 설치된 University College London의 도시계획학과 (Department of Town Planning) 교수로 부임한다. 그가 1933년에 쓴

그림 5-2 패트릭 애버크롬비

도시농촌계획(*Town and Country Planning*)은 당시 가장 폭넓게 읽힌 도시계획 교과서로 도시와 농촌, 도시와 지역, 과거와 미래를 통합적으로 다룬 저서로 평가된다(Freestone, 2000: 6). 이 책에서 그는 진화론적 관점을 토대로 도시의 물리적 경관을 고대, 근대, 최근으로 나누어 실제 사례에 대한 분석을 진행했는데, 이는 게데스의 사상을 계승한 부분으로 이해할 수 있다.

그는 전쟁 전 더블린(Dublin) 등 다수 도시에 대한 도시계획을 진행하였으며, 1920년대 이후에는 지역계획으로 관심을 넓혀갔는데, 이 역시도 게데스의 영향으로 볼 수 있다. 그는 1925년 이스트 켄트(East Kent) 계획을 수행했는데, 여기서 그는 게데스가 주창한 구산업과 신산업의 논리를 계획에 적용했으며, 그린벨트와 8개 신도시를 제안함으로써 훗날 대런던계획 구상의 단초를 보여주었다(Hall, 1988: 165). 그는 1945년 그간의 공적을 인정받아 기사작위(Knight Bachelor)를 받게 된다.

2) 대런던계획

애버크롬비의 가장 큰 업적은 1944년 작성되어서 1945년에 발간된 그의 대런던계획(Greater London Plan)[8]에서 찾아진다. 1919년에

---

8) '대런던계획'은 일본인의 부정확한 번역으로 '런던 대도시권계획' 또는 '런던 광역권계획'이 정확한 번역이나 우리 학계에서 관용적으로 사용되고 있는 관계로 여기서도 그대로 사용하고자 한다.

서 1939년 사이에 런던광역권은 급성장을 경험했다. 인구가 약 2백만 명 증가했는데, 이 중 자연증가는 75만 명, 외부유입은 125만 명이었다(Cullingworth, 2002: 17). 기존의 체제로는 이를 관리할 수 없음이 분명해졌다. 이러한 문제를 바로 잡기 위해 몇 개의 정부 위원회와 계획이 발표되었다. 다수 계획은 인구 및 산업의 분산이 필요하다는데 공감하고 있었지만, 문제는 방법이었다.

애버크롬비는 이 당시 두 개의 계획을 연달아 발표했는데, 첫번째 것이 1943년 런던 카운티 계획(London County Council Plan)이다. 런던 카운티 소속 수석 건축가인 포셔(Forshaw)와 함께 작성한 계획에서 애버크롬비는 런던 카운티의 주택공급, 교통체계와 내부동선의 개선에 많은 노력을 기울였다. 계획보고서는 부분적인 해결책은 충분치 않다고 보고 전면적인 재개발과 슬럼철거를 제안하고 있는데, 폭격으로 파괴되지 않은 지역에 대해서까지 대대적인 철거를 제안하고 있다(Schubert, 2000: 126). 생활권 계획에서는 저층 공동주택과 오픈스페이스가 균형을 이루는 근린주구가 구상되었다.

당시 대부분의 주민들은 단독주택에 거주하기를 원했지만,9) 표준밀도를 고려할 때 주민의 60% 이상이 고층 주거에 거주할 수밖에 없다는 계산이 나왔다(홀, 2005: 300). 애버크롬비는 과밀을 피하면서 이들을 수용할 수 있는 방법에 대해 고민하게 되었다. 결국 슬럼 및 과밀 지역에 대한 재개발이 수행될 경우, 60만 명의 인구가 과잉(overspill)으로 이들은 런던 카운티 외부로 이주해야 한다는 결론이 도출되었다(Hall, 2002: 64).

---

9) 영국을 포함한 게르만 계통의 사람들은 전통적으로 아파트와 같은 적층(積層) 공동주택을 대체로 싫어한다. 그 대안이 타운하우스이다(손세관, 1993).

포셔와 애버크롬비는 근린주구의 형성을 목표로 했는데, 실행수단으로 라이트(Henry Wright)의 도로체계가 도입되었다(Schubert, 2000: 126). 이는 근린 공동체의 정체성 제고라는 하워드의 비전을 래드번(Radburn) 식의 슈퍼블록을 통해 실현한 것으로 평가할 수 있다(Hall, 1988: 308). 이처럼 그는 언제나 이상을 실현하기 위해 실현방안을 적극적이고 창의적으로 고민하는 태도를 보였는데, 이는 그가 하워드의 전통을 계승하고 있음을 보여주는 일면이다. 애버크롬비는 또한 개별 도시차원의 문제접근으로는 문제의 해결이 어렵다고 보고 게데스가 제안한 지역계획적 접근의 필요성을 절감하게 된다.

많은 고민과 아이디어의 제시에도 불구하고 런던카운티 계획은 상당 부분 실행되지 못했다(Hall, 2002: 41). 하지만 이 계획을 통해 런던의 도시문제와 개선방안에 대해 진지하게 고민할 수 있는 기회를 가졌던 애버크롬비는 1944년 그의 역작인 대런던계획을 발표하게 된다. 여기서 대런던이란 런던 광역권을 의미하는 것으로, 광역권 개념의 수용은 도시문제의 해결을 위해서는 개별 행정구역을 넘어 광역적인 접근이 이루어져야 한다는 게데스의 사상이 드디어 빛을 보게 되었음을 의미한다.

애버크롬비는 런던 카운티 계획을 작성했던 경력을 인정받아 발로우 위원회(Barlow Commission)의 대런던계획 수립의 책임자로 임명되었다. 대런던계획은 런던시를 포함하는 광역도시권 내의 다양한 행정구역 전역을 계획권으로 상정했다. 런던 중심으로부터 약 25km 반경의 환형으로 권역이 설정되었다. 계획구역의 전체면적은 5천㎢이고 계획인구는 1천만 명으로 구상되었다.

애버크롬비는 과밀한 런던 시내로부터 외곽으로 인구의 대대적인 분산이 필요하다고 생각했다.
그는 앞서 런던카운티 계획에서
계산된 60만 명 외에 추가로 40
만 명의 이주가 필요하다는 결론
에 이르렀다(Hall, 2002: 64). 그때
까지 이들 백만 명의 인구는 런
던 주변에서 광범위한 스프롤을
통해 무질서하게 거주해 왔다.
애버크롬비는 쇠퇴 이상으로 스
프롤에 맞서 싸우는 것이 가장
중요한 당면과제라고 생각했다
(Bruegmann, 2000: 162). 애버크롬

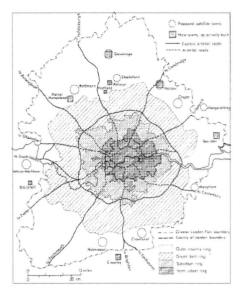

그림 5-3 대런던계획

비는 문제의 해결을 위해 대담한 제안을 한다. 연담화를 막기 위해
런던 주변에 약 10km 폭의 그린벨트를 두르자는 것이었다. 그린벨
트 내에서는 개발행위가 금지되고 그린벨트는 런던시민들의 여가
공간으로만 활용된다. 과잉인구는 런던의 통근권 밖으로 이주하게
된다. 그곳에 새로운 자족 커뮤니티가 조성되어 백만명의 인구를
수용한다. 계획은 이주한 40만명을 런던으로부터 35~60km에 위치
하는 8개의 신도시(각각의 인구 5만 명)에 수용하고, 나머지 인구 60
만 명은 런던으로부터 50~80km에 위치하는 기존 소도읍에서 수용
하도록 구상했다. 제1기 신도시로 불리는 런던광역권의 8개 신도시
는 모두 1950년 이전에 건설되었다(대한국토·도시계획학회, 2004: 324).
    영국 내에 산재된 다른 대도시권에 대해서도 유사한 지역계획
적 처방이 내려졌고 제2차 세계대전 후 사업이 시행되었다. 영국 정

부는 종전 후 1946년부터 1971년까지 25년간 총 32개의 신도시를 건설했다(대한국토·도시계획학회, 2004: 323). 애버크롬비는 그중 글래스고우와 웨스트 미들랜드(West Midlands) 계획에 참여했다.

3) 대런던계획에 대한 평가

사실 애버크롬비 이전에도 런던 권역에 대한 개조계획은 존재했다. 언윈이 분산계획을 제시했으며, 근대주의 건축가 그룹인 MARS 역시 런던계획을 제시한 바 있다. 애버크롬비의 탁월성은 하워드에서 게데스, 언윈에 이르는 독립된 아이디어를 하나의 틀 안에 녹여서 이를 인구 1천만 명, 면적 5천㎢의 런던광역권에 실제로 적용했다는 점에서 찾을 수 있다(Hall, 2002: 44). 애버크롬비의 구상은 게데스의 지역계획과 하워드의 계획적 분산, 자족적 전원도시, 그린벨트의 아이디어를 접목시킨 창의적인 계획으로 볼 수 있다(Hall, 2002: 64). Hall(1988: 172)은 런던 지역이 애버크롬비의 계획을 통해 세계에서 보기 드물게 하워드-게데스-멈포드의 비전을 실현한 지역으로 남게 되었다고 평가한다.

애버크롬비 계획의 또 다른 특징은 '유연성'이다. 그의 계획은 어느 시기에나 적용이 가능하도록 작성되었다는 평가를 받는데, 이는 하워드가 일평생 견지한 현실주의의 유산으로 볼 수 있다(홀, 2005: 237-238). 방법론적 차원에서 애버크롬비는 게데스의 가르침을 따라 역사적 추이를 포함해서 지역에 대한 광범위한 조사를 실시했고, 이에 기초해서 문제를 분석했으며, 결과물로서 계획안을 제시했다. Hall(2002: 44)은 대런던계획이 선학의 유산과 전통 위에 서 있는 것은 분명하지만, 만화처럼 명료하고 확신에 찬 계획내용은 애버크롬비만의 기여라고 평가한다. 그 외에도 계획에 페리의 근린주구 개념과 라이트(Henry Wright)가 래드번에 적용한 도로위계 및 슈퍼블록 개념, 언윈의 오픈 스페이스 개념을 종합적으로 적용함으로써 당시 영미권에서 개발된 선진 도시계획 이론들을 빠짐없이 망라하였다는 평가를 받는다(Hall, 1988: 169–170).

대런던계획 상의 신도시계획은 결과적으로 런던의 팽창을 막지 못했다. 그린벨트에서 1차 확산은 저지했지만 이를 뛰어넘어 개발이 이루어짐으로써(leapfrogging), 대도시권이 오히려 반경 100km 이상 확장되는 결과를 초래했다(대한국토·도시계획학회, 2004: 325). 신도시 는 계획대로 40만 명의 인구를 수용했으나 런던광역권의 인구가 예 상보다 훨씬 많이 증가해서 극히 일부만을 수용하는 결과가 초래됐 다(Hall, 1988: 135). 이는 애버크롬비의 인구추계가 잘못되었음을 보 여준다.

신도시는 지루하고 활기가 없으며, 공급자 중심의 서비스시설로 비판받는데(Hall, 1988: 135), 이는 오늘날 미국의 교외와 우리나라의 신도시들에서도 종종 지적되는 문제이다. 보다 근본적으로 애버크롬 비의 계획이 하워드의 이상을 온전히 수용했다고 보기는 어렵다. 그 의 계획은 하워드가 혐오했던 중앙집권적이고 획일적인 관료제의 산 물이라고 볼 수 있기 때문이다(Hall, 1988: 173). 그러나, 이는 역설적 으로 하워드가 견지했던 현실주의와 차선을 선택하는 유연성의 결과 물이라고도 볼 수 있다.

애버크롬비의 계획은 우리나라 도시계획에도 큰 영향을 미쳤다. 우리나라는 개발제한구역이라는 그린벨트 제도를 갖고 있으며, 수도 권 신도시를 3기에 걸쳐 건설하거나 계획하고 있다. 정부는 수백분제가 심화될 때마다 전가(傳家)의 보도(寶刀)처럼 신도시개발 카드를 꺼내들고 있다. 수도권의 신도시들은 대부분 자족성이 취약해서 서울 통근에 의존하고 있음에도, 실효적인 교통수단에 대한 고려 없이 주택정책에 밀려 신도시가 급조되고 있는 실정이다. 귤이 회수(淮水)를 건너면 탱자가 된다는 말처럼 하워드의 선한 영향이 우리나라에서는 난개발과 환경파괴의 주범으로 작용하고 있는 것 같아 씁쓸함을 감추기 어렵다.

Chapter 06

미국의 분산주의자들(Decentrists)

페리(Clarence Perry: 1872~1944)는 근대 도시계획의 가장 핵심적인 개념이라 할 수 있는 근린주구론을 개념적으로 정립한 미국의 도시계획가이다. 사회학을 학문적 배경으로 하는 페리는 자동차 시대의 도래와 공동체라는 사회학적 관심으로부터 근린주구(neighborhood unit) 개념을 제시했다. 당시 미국에서는 자동차 소유가 1914년 120만 대이던 것이 1930년 2천 3백 만대에 이를 정도로 가파르게 증가했다(Schubert, 2000: 123). 1926년 미국의 차량 대

그림 6-1 클라렌스 페리

수는 영국의 8배, 독일의 35배에 달했다(Hass-Klau, 1990). 기존의 가로위계가 없는 격자형 가로체계는 차량속도를 제어하지 못하고 통과교통을 막지 못한다는 점에서 비효율적이며, 위험하다는 인식이 확산되었다. 교통사고가 급증했고 통과교통으로 인해 공동체가 위협받는 현상이 빈번하게 발생했다.

근린주구론은 영국 전원도시계획의 영향을 받은 미국의 분산수

의자(Decentrists)들에 의해 일련의 신도시로 현실화된다. 그중 뉴저지 주에 위치한 래드번(Radburn)은 단지계획의 기본원칙을 제시했다는 점에서 큰 의의를 갖는다. 래드번은 특히 자동차 교통의 처리와 공동체 의식의 함양 측면에서 높은 평가를 받아, 이후 그 개념이 영국과 서유럽 신도시로 역수출되는 결과가 나타났다.[1]

1. 페리와 근린주구론

페리는 코넬 대학을 졸업하고, 컬럼비아 대학 사범대학에서 수학한 후, 사회복지 전문가로 활동했다. 이후 고등학교 교장선생님과 여러 공직을 거쳤으며, 1차 대전 중에는 소령으로 참전한 바 있다. 그의 가장 두드러진 경력은 러셀 세이지 재단(Russell Sage Foundation)[2]의 레크레이션 부서에서 일한 것이다. 페리는 1929년 뉴욕시 지역계획 및 도시 레크레이션 위원회에서 일하면서 유명한 근린주구론(neighborhood unit theory)을 발표했다.

그의 초기 경력은 커뮤니티 센터 운동으로 집약되는데, 그는 뉴욕 퀸즈(Queens)에 위치한 Forest Hills Gardens의 커뮤니티 센터 건립에 기여했다. 이 당시 그는 커뮤니티 센터와 관련해서 여러 개의 논설을 썼는데, 여기서 그는 종종 초등학교를 '근린주구의 수도(capital)', '공동체생활의 중심'이라고 호칭했다(Thadani, 2010: 525). 그러나 커뮤니티 센터 운동은 충분한 성과를 낳지 못했고, 이에 실망한 페리는 그의 관심을 근린주구의 계획 쪽으로 돌리게 된다.

---

1) Ward(2000: 47)는 이를 'international cross-fertilization'이라고 표현한다.
2) 1907년 Margaret Olivia Sage가 "사회 및 생활환경의 개선"을 위해 설립한 미국의 비영리 재단.

흔히 페리가 근린주구론을 창안한 것으로 알려져 있지만, 이는 사실이 아니고, 그 이전부터 많은 사람들이 유사한 개념을 제시해 왔다. 일례로 Ward(2000: 46)는 근린주구의 시작을 하워드로부터 찾으며, 같은 시각에서 조재성(2020: 101) 역시 래드번의 뿌리를 전원도시에서 찾는다. Ward는 페리가 제안한 5천명의 인구가 하워드의 전원도시 개념으로부터 나온 것이라고 주장한다. 독일의 사회학자 퇴니스(Ferdinand Tönnies)는 공동체 형성에서 대면접촉의 중요성을 강조했는데, 이를 실현하기 위해 1907년 워드(Edward Ward)와 리스(Jacob Riis)는 사람들의 교류가 이루어지는 커뮤니티 센터로서 다양한 커뮤니티 기능을 보유한 초등학교의 근린 내 수용을 제안한 바 있다(Talen, 2005: 86). 따라서 페리의 초기 활동은 워드와 리스의 아이디어를 계승한 것이라고 볼 수 있다.

근린주구론과 관련해서 또 다른 유명한 인물은 미국의 건축가 드러몬드(William Drummond)로서 그는 근린주구론에 기초한 단지계획을 통해 근린주구론의 개념을 최초로 구체화한 인물로 평가받는다. 드러몬드는 1913년 시카고의 City Club 공모설계에 근린주구 개념에 기초한 계획안을 제안했다(Schubert, 2000: 120 – 121; Talen, 2005: 196). 드러몬드는 이 계획에서 근린주구를 버넘의 시카고 계획을 실현하기 위한 물리적, 사회적 단위 조직으로도

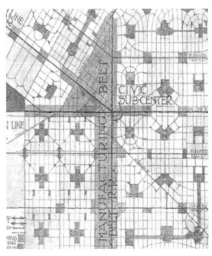

그림 6-2 드러몬드의 City Club 계획

정의했다. 드러몬드의 계획은 그림 6-2에서 볼 수 있듯이 자동차 시대의 도래에 맞춰 지구 내 동선에 상당히 신경을 썼음을 확인할 수 있다. 반면에 페리가 근린주구 개념을 받아들인 것은 1923년경으로 추정된다.

그럼에도 불구하고 우리가 근린주구론하면 다른 사람이 아닌 페리를 떠올리는 것은 다음 세 가지 이유 때문이다. 첫째, 페리는 그 이전 시기 다양한 학자들이 제시한 커뮤니티와 근린주구 개념을 종합했으며, 이를 책으로 발표해서 구체화했다.[3] 그는 사회학 배경의 도시계획가답게 공동체 개념과 도시계획시설을 연결해서 근린주구론을 체계적으로 집대성했다. 둘째, 페리가 소속된 미국 지역계획협회(RPAA)가 근린주구론에 기초하여 일련의 주거단지 또는 신도시개발 사업을 성공적으로 수행했기 때문이다. 이 과정에서 스타인(Clarence Stein)과 라이트(Henry Wright) 등 설계자들은 자신들의 개념이 페리의 근린주구론에 기초한 것이라고 설명했다. 반면에 먼저 제시된 드러몬드의 계획은 실현되지 않았고 일회적이었다.

2. 근린주구의 개념

페리는 승용차 대중 소유시대에 새로운 도시계획, 즉 '도시 세포(cellular city)' 만들기의 필요성을 역설했다(Perry, 1929). 그가 말하는 '도시 세포'가 근린주구임은 말할 필요도 없다. 페리는 문명의 이

---

3) 1929년 발표된 "The Neighbourhood Unit: A Scheme of Arrangement for the Family-life Community" in the Regional Survey of New York and Its Environs, Volume VII로 우리나라에서도 『근린주구론, 도시는 어떻게 오늘의 도시가 되었나?』라는 제목으로 번역되어 출판되었다.

기로서 자동차의 가능성을 인정했지만, 그로 인해 공동체가 해체되는 것을 경계했다. 페리는 자동차를 '위장된 축복(blessing in disguise)'으로 지칭했다(Talen, 2005: 195). 당시 상황을 페리는 이렇게 묘사한다(조재성, 2020: 103). "주택 문 앞까지 차량 체증과 주차문제가 빚어졌고, 자동차 경적소리, 매연, 먼지가 주거지의 일상이 되었으며, 공원은 주차장으로 바뀌었고 1마일에 20회 이상 도로를 건너다니는 일이 발생했으며, 어린이들이 도로에서 뛰놀면서 사망사고가 다수 발생했다." 이러한 환경 속에서 페리가 계획을 통해 특히 보호하고자 했던 것은 가정과 어린이였다(Hall, 2000: 28). 페리는 근린주구의 조성을 통해 가정이라는 둥지가 현대 도시 속에서 무자비하게 파괴되는 것을 막을 수 있다고 주장하면서, 커뮤니티 개발의 목적이 가정생활의 적절한 발전에 있다고 주장했다(Talen, 2005: 209). 페리가 통과교통을 배제한 것, 초등학교를 주구(住區)의 중심에 위치시킨 것, 보차분리를 통해 안전한 통학로를 확보하고자 한 것은 모두 그러한 인식의 소산이었다.

페리는 근린주구를 서비스 제공의 중심으로서(service-oriented) 사회적 통합을 이루며(socially supportive), 거주자의 필요에 부응하는(attentive to human need) 생활단위로 정의했다(Talen, 2005: 8). 페리는 물리적 환경이 지역사회의 건강과 수준을 좌우하는 요소라는 믿음에서 공간의 가장 작은 단위인 근린주구가 세심하게 계획되어야 한다고 생각했다(Thadani, 2010: 525). 그는 근린주구를 이루는 구성요소로 규모, 경계, 오픈 스페이스, 학교 및 공공시설, 근린상점, 내부 도로체계의 여섯 가지 핵심 계획요소를 제안했다. 페리는 이들 계획요소를 체계적으로 잘 결합해서 지속적으로 계획된 공동체를 실현해야 한다고 생각했다(Talen, 2005: 197).

페리가 제안하는 근린주구의 인구는 5천명이고 규모는 반경
1/4mile(64ha)이다. 초등학교가 근린주구의 중심에 위치하며, 길을
따라 도보권에 근린상업시설이 위치한다. 초등학교는 공동체의 중심
으로서 기능한다. 어린이들은 도로를 건너지 않고 학교까지 통학을
한다. 통과교통을 방지하며 보행과 차량교통을 분리시킨다. 근린주
구의 네 면은 충분한 폭의 간선도로에 의해 둘러싸여진다. 페리는
근린주구를 둘러싸는 대로가 주구의 경계를 분명히 하며, 근린주구
의 자족성의 토대를 이룬다는 점에서 꼭 필요한 요소라고 생각했다
(Perry, 1929: 31). 페리는 하나의 근린주구는 초등학교, 전체 면적의
10% 정도에 해당하는 공원과 운동장(레크레이션 시설), 소규모 점포,
공공시설로 구성되어야 한다고 주장했다. 근린주구는 이를 통해 하
나의 자족적인 생활단위를 이루게 된다. 입지적으로 학교, 교회, 커
뮤니티 시설은 근린주구의 중심에 위치하는 반면, 상점은 대로를 따
라 위치하고 공원과 놀이터는 주구 전체에 고르게 분포하는 것으로
구상되었다(Thadani, 2010: 525).

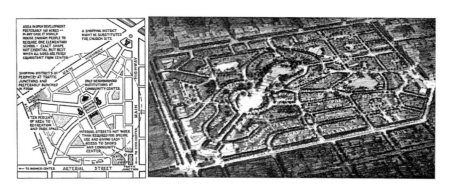

그림 6-3 페리의 근린주구 개념(좌)과 단지조성 예시(우)

이러한 기술적 원칙들은 사실 새로운 것이 아니라 19세기 이래 정립된 도시설계 요소를 통합해서 재구성한 것에 불과하다고 볼 수 있다(Schubert, 2000: 122). 페리는 이러한 물리적 구조가 사회적 연계를 통해 공동체 의식을 함양하는데 기여할 것이라고 생각했다. 그는 근린주구가 공동체 의식의 함양을 통해 당시 이민자들의 증가로 인해 미국 사회(도시)가 이질화되어 가는 것과 이민자 1세대와 2세대 간에 나타나는 이질화 등의 문제를 해결하는 데 기여할 것이라고 생각했다.

3. 근린주구론의 실현

1924년 미국지역계획협회(RPAA)는 개발업자 빙(Alexander Bing)의 주도로 유한회사인 도시주택법인(City Housing Corporation)을 설립했다. 그 의도는 전원도시 개념을 미국에서 실제로 구현하기 위한 것이었다. RPAA는 하워드의 전원도시론이 추구했던 '계획적인 분산'이 대도시의 과밀과 교외의 스프롤을 막을 수 있는 대안이라고 주장했다. 스타인(Clarence Stein)은 빙에게 전원도시를 실현하자고 제안했다. 도시주택법인은 그해 퀸즈에 토지를 구입하여 스타인과 라이트가 계획을 수립했다. 그 단지는 격자형 가로로 구획되어 있어서 페리가 구상한 입지에 부합하는 조건을 갖고 있었다. 이 단지는 Sunnyside Gardens로 명명된다. Sunnyside Gardens에서 근린주구형 도시개발사업의 토대를 다진 빙과 스타인, 라이트는 이후 여기서의 경험과 교훈을 바탕으로 래드번을 개발한다.

1928년 도시주택법인은 뉴욕에서 24km 떨어진 뉴저지 주 Fair Lawn에서 Sunnyside Gardens와 같은 방식으로 토지를 구입하는데

그림 6-4 래드번 계획

그곳이 바로 래드번이다. 래드번에서는 마찬가지로 빙이 디벨로퍼의 역할을 했고, 스타인과 라이트가 설계를 담당했다. 멈포드는 이 단지를 "베니스 이래 도시계획에 있어 첫 번째 중요한 출발점"이라고 격찬했다(Schubert, 2000: 123). Schubert(2000: 123)는 래드번을 공동체 생활의 실현을 위한 교외모델로 정의하면서 '미국화된 전원도시'로 평가한다. 같은 시각에서 Talen(2005: 19)은 래드번의 설계자인 스타인과 라이트를 하워드 전통의 미국 측 계승자로 평가한다. 하지만 계획 측면에 있어서는 페리의 근린주구론처럼 래드번으로부터 새로운 계획요소를 찾기는 어렵다.

래드번은 세 개의 근린주구로 구성된 420ha 면적에 약 2만 5천 명의 인구를 수용하는 단지로 계획되었다. 각각의 근린주구는 초등학교를 가지며 세 개의 근린주구 중심에 고등학교가 입지하도록 계획되었다. 어린이들이 학교까지 안전하게 걸어갈 수 있도록 설계가 이루어졌다. 계획은 대공황의 여파로 도시주택법인이 파산함으로써 원래 구상의 50% 밖에는 실현되지 못했다. 스타인과 라이트는 전원도시의 원칙을 미국에서 실현하는 이상을 갖고 프로젝트를 시작했으나 원래 구상과는 달리 산업을 유치하지 못했고, 그린벨트도 조성되지 못했다. 토지의 공유 또는 협력적 소유 역시 실현되지 못했다.

래드번의 가장 큰 특징은 가로체계의 획기적인 개선에서 찾을 수 있다. Sunnyside의 실패를 격자형가로체계의 도입으로 인해 통과교통의 완전한 배제를 이루지 못한 것에서 찾은 스타인과 라이트는 이에 대한 대안으로, 엄격한 입체 보차분리와 쿨데삭(cul-de-sac), 슈퍼블록(superblock, 大街區) 개념을 도입했다. 특히 12~20ha에 달하는 슈퍼블록은 통과교통을 우회시키는 기능 외에 주구 내에 일정 규모의 공공시설(주로 공원)을 확보하는 데 유용한 수단이었다. 쿨데삭은 길 안쪽으로 주거지를 형성해서 주거환경과 공동체를 보호하는 효과를 얻을 수 있다(그림 6-6). 멈포드 등 분산주의자들은 근린시설들이 도로를 따라 위치할 경우 차량의 소음과 매연에 의해 서비스 수준이 저하되므로 주도로로부터 분리되어 이면도로로 들어가야 한다고 생각했고 스타인과 라이트는 래드번에서 이 원칙을 충실히 실현했다(Talen, 2005: 49-50). 입체 보차분리를 위해서는 육교와 지하도가 도입되었다. 결과적으로 근린주구론은 래드번에서 안전하고 편리하며 쾌적한 근린 환경을 조성하는 유력한 수단으로서 기능하게 된다.

　　대공황은 래드번의 불완전한 완성을 초래했지만, 신도시 조성을 추진했던 뉴딜을 통해 래드번 개념은 확산되었고, 결과적으로 래드

그림 6-5 래드번 전경　　　　　　　**그림 6-6** 래드번에 적용된 쿨데삭 개념

번의 혁신적 설계기법은 뉴딜 기 도시계획의 대원칙으로 자리잡게
된다. 1934년 국가주택법(National Housing Act)이 통과되었고 연방주
택부(Federal Housing Administration, FHA)가 만들어졌다. FHA는 이후
10년간 모델주택 프로그램을 추진했는데, 이것이 미국의 교외화를
추동하는 계기가 된다. 이 과정에서 RPAA를 중심으로 한 분산주의
자들은 교외에 근린주구 주택지를 조성함으로써 도시 내부의 슬럼문
제 해결에 간접적으로 기여할 수 있다고 주장했다(Schubert, 2000:
125). 그들은 슬럼에 대한 직접적인 공격은 오히려 부작용을 낳을 뿐
이라고 주장했다. 이 과정에서 주택정책 입안자, 건설업체, 부동산업
자들이 교외개발에 동조하며 나섰다.

　　FHA는 교외 주택사업에서 근린주구 개념을 적극적으로 구현하
고자 했다. FHA는 근린주구를 "사회적, 인종적으로 단일한 주민들의
공동체"로 정의했다(Schubert, 2000:

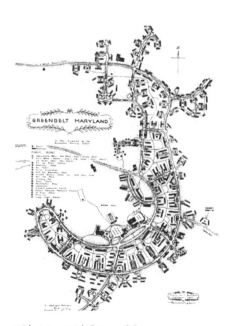

125). 1935년 연방정부는 뉴딜 기
가장 유명한 주거단지개발 프로젝
트인 Greenbelt Towns 계획을 추
진하는데, 계획의 목적은 고용창출
과 저렴한 주택공급이었다. 최초
50개의 신도시가 계획되었고 이후
8개로 줄어들었다가 최종 3개의
신도시가 조성되었다. 메릴랜드 주
Greenbelt, 위스콘신 주 밀워키 시
인근 Greendale, 오하이오 주 신
시내티 시 인근 Greenhills가 그것

그림 6-7　그린벨트 뉴타운

이다. 이 중 메릴랜드의 그린벨트 뉴타운이 가장 유명하다. 그린벨트 뉴타운은 그림 6-7에서 볼 수 있듯이 슈퍼블록의 폐쇄형 구조를 갖고 있으며, 쿨데삭을 적용해서 통과교통을 배제하고 있다. Greenbelt Towns은 미국의 전원도시로도 불리지만 사실상 직접적인 비교는 불가능하다(김흥순, 1991: 88). 고용기능이 없으며, 가구 수도 1천 가구에 불과하기 때문이다.

불만족스러운 계획의 이면에는 신도시계획의 주창자였던 RPAA의 해체가 있다. RPAA는 1933년 해체됨으로써 그들과 성향이 맞았던 뉴딜 기 루즈벨트 행정부 하에서 더 많은 영향력을 행사하지 못하게 되는데, 그로 인해 뉴딜정책이 공간계획에서 많은 실적을 남기지 못하는 아쉬움을 남기게 된다(Hall, 2000: 26).

4. 근린주구론과 래드번의 유산

'래드번 시스템'은 이후 전 세계로 확산되어 신도시 및 단지조성의 원칙으로 활용된다. 래드번의 실현으로 근린주구론은 교과서, 정부지침, 지역사회 기구 등에서 표준적인 계획원리로 자리잡게 된다(Talen, 2005: 198). 또한 단지 단위의 개발방향을 제시함으로써 군집지구제(cluster zoning)나 계획단위개발(planned unit development) 등 유연한 용도지역제(flexible zoning)에 단서를 제공한 것으로 평가된다(Talen, 2005: 268).

오늘날 근린주구론은 '400m 반경'처럼 기능적 의미로 단순화되어서 기억되고 있지만, 그 이론의 가장 큰 기여는 하나의 마을(neighborhood)이 중심과 명확한 경계를 갖고 통일된 구조 속에서 계획되어야 한다는 원리를 제기했다는 점에서 찾아져야 한다(Thadani,

그림 6-8 유클리드 조닝(좌)과 군집지구제(우)

2010: 526). 근린주구 개념은 탄생지인 미국에서 보다 유럽과 아시아에서 더 적극적으로 활용되었다(대한국토·도시계획학회, 2004: 400). 일례로 전후(戰後) 영국 도시계획은 애버크롬비 구상의 실현을 위해 저밀화, 분산, 보차분리, 도시 슬럼철거, 주택건설 등을 적극적으로 추진했는데, 사업의 중심에는 항상 근린주구의 개념이 자리 잡고 있었다(Schubert, 2000: 131–132). 한편 Talen(2005: 270)은 전후 실현된 근린주구가 근대주의의 영향을 받아 개념이 전이되었다는 측면에서 'Perry–Bartholomew[4]) 근린주구'라고 부르는데, 그 특징은 자동차 의존적이며, 동질적인 단일 토지이용의 교외모델로 설명된다.

미국에서 근린주구론은 1949년 주택법(Housing Act) 서문에서 그 개념이 주거의 기본원리로 천명되는 등 보편적 원칙으로 받아들여지게 된다. 하지만 공공주택개발 개념이 희박한 미국에서 근린주구 개념은 '쾌적한 생활환경'의 다른 이름으로 이해되어 주로 개발업

---

4) Harland Bartholomew(1889~1989)는 미국 최초의 풀타임 도시계획가로서, 근대주의적 시각에서 로버트 모제스의 자동차 중심 도시계획을 뒷받침한 인물로 평가된다.

자들의 마케팅 수단으로 활용되어온 것이 사실이다(Schubert, 2000: 132). 이후 1980년대 후반 두아니(Andrés Duany) 등의 뉴어바니즘 설계자들이 자신들의 설계가 페리의 근린주구 개념을 수용한 것이라고 주장하면서 근린주구론은 다시 주목받게 된다(Schubert, 2000: 135). 두아니 등은 도시중심과 경계, 도보권을 고려한 규모, 활동의 균형 잡힌 혼합, 가로 네트워크의 도입, 공공건물의 입지 등에서 근린주구의 원칙을 수용한 것으로 평가된다. 이와 함께 또 다른 뉴어바니즘 설계자인 Calthorpe(1993)은 그의 TOD(Transit Oriented Development) 개념에 래드번 시스템의 적용을 언급한 바 있다.

우리나라 역시 일제 시대 이래 도시 및 단지 조성에서 근린주구 개념이 적극 활용되고 있는데, 자동차 교통에 대한 고려보다 주로 근린생활시설의 배분과 주구의 규모 개념이 적극적으로 고려되었다(권용찬·전봉희, 2011). 1970년대에 시행된 잠실지구 토지구획정리사업은 근린주구 개념이 체계적으로 적용된 개발 사례로 평가된다(대한국토·도시계획학회, 2019: 450).

5. 평가

근린주구에 대한 비판은 물리적 측면과 사회적 측면으로 구분해서 살펴볼 수 있다. 우선 물리적 측면으로서 첫 번째 비판은 규모의 문제이다. 근린주구의 계획규모가 적정 규모인가, 그리고 자족성을 확보할 수 있는 단위 공간인가 하는 질문에 대해 근린주구론은 별다른 근거를 제시하지 못한다. 두 번째는 표준화된 계획 기준의 문제이다(대한국토·도시계획학회, 2004. 401). 계획에 있어 표준화된 기준을 제시하는 것은 일견 편리하고 합리적인 접근으로 볼 수도 있지만 다양한 도시공간을 획일화시키는 문제를 야기할 수 있다. 제2차 세계대전 후 주택의 대량생산 시스템과 결합되어 근린주구론은 획일적인 교외경관을 조성하는 데 큰 기여를 하게 된다. 근린주구론이 추구하는 이러한 표준화의 문제는 제이콥스가 비판한 근대주의의 문제와도 상통하는 부분으로 도시 전체의 활력을 해치는 결과를 초래했다고 볼 수 있다.

세 번째는 외부공간과의 연계에 대한 고려부족이다. 하나의 도시 또는 마을은 섬이 아닌 한 외부와의 연계에 대한 고려가 필요한데 근린주구론은 그에 대한 고려가 부족하다고 볼 수 있다. 이러한 근린주구의 특성은 자연스럽게 폐쇄된 공동체의 모습으로 귀결될 수밖에 없다. 일각에서는 근린주구의 폐쇄적 공동체를 결과가 아니라 원인으로 지적하는데, 비판자들은 내부에서의 자족적 공동체의 추구가 외부와의 결합을 저해함으로써 스프롤을 낳게 되었다는 평가를 제기한다(Talen, 2005: 272; Thadani, 2010: 526). 네 번째 문제점으로, 래드번 계획에서 통과교통을 막겠다는 구상이 불필요한 거리를 돌아가야 하는 비효율과 낭비를 초래했음을 지적할 수 있다. 보행자를 보호하기 위해 도입된 입체교차 시스템은 여전히 차량 소통중심의 계획요소로서 노약자, 여성, 장애인을 배제하는 결과를 초래했다고 평가할 수 있다. 근린주구의 이상은 자동차로부터 보호되는 공동체를 만들고자 한 것이었지만 결과적으로 승용차 없이는 존속할 수 없는 교외개발에 단초를 제공했음을 부인할 수 없다.

다섯째, 멈포드가 '경탄할 만한 고안품'이라고 극찬한 래드번의 계획요소는 실상 통합적인 요소로서 개별적으로 떼어놨을 때는 그 효과를 발휘하기 어려운 것들이나, 현실 개발사업에서는 종종 독립된 계획요소로서 활용되고 있는 실정이다(Talen, 2005: 203). 일례로 쿨데삭, 슈퍼블록, 위계적 가로체계는 자족적 공동체의 실현을 위해 결합된 순환체계로서 고안된 것인데 다른 요소들과 무관하게 개별적으로 사용되고 있는 것이 현실이다. 이처럼 통합성을 고려하지 않고 선택적 적용을 통해 개발이 이루어진 대표적 사례가 버지니아 주 레스톤(Reston)인데, 거기서 오픈스페이스는 너무 크고, 밀도는 너무 낮으며, 연계성은 취약한 것으로 평가된다(Talen, 2005: 203).

마지막으로 Talen(2005: 272)은 래드번 원칙이 잘못된 곳에 잘못 적용됨으로써 나타나는 문제를 지적한다. 슈퍼블록은 원래 밀도가 다소 낮은 지역에 적용되어야 하나, 맨해튼처럼 밀도가 높은 기성 도심에 적용될 경우 파괴적이고[5] 방향성이 없으며 인공적인 느낌을 줌으로써 주변과의 교통 연결을 저해하는 결과를 초래할 수 있다는 것이다. 래드번은 종종 교외 스프롤의 원조로 지적되나 사실은 스프롤이 이러한 원칙의 왜곡과 계획요소의 선택적 적용에 의해 초래된 결과임을 주지할 필요가 있다.

사회적 측면에 대한 비판으로서 첫 번째는 근린주구가 추구하는 공동체가 '우리'의 개념을 강조함으로써 '우리가 아닌' 계층과 인종 간의 분리 현상을 유도한다는 비판이다. 실제로 전술한 "사회적, 인종적으로 단일한 주민들의 공동체"라는 FHA의 근린주구 정의는 근린주구가 사회통합보다는 사회분열을 조장한다는 비판으로부터 자유롭지 못하게 하는 근거가 된다. 이에 덧붙여 근린주구 개념이 물리적으로 적용된 공동체에서 사회적 배제 현상이 더욱 심화되었다는 점을 지적할 수 있다(Talen, 2005: 271). 1934년에 진행된 조사에서

---

5) 블록 내 과도한 용적과 이를 실현하기 위한 재개발의 문제를 지칭하는 듯하다.

래드번에는 블루컬러 노동자가 거주하지 않으며, 또 다른 근린주거 단지인 Forest Hills Gardens의 경우 거주자들의 다수가 중산층 WASP[6])인 것으로 조사되었다(Talen, 2005: 211). 높은 수준의 설계와 우수한 건축자재, 그로 인해 형성된 높은 주택가격이 노동자들의 접근을 차단했다. 그러나 페리가 원래 의도했던 근린주구는 다양한 소득계층들이 공존하는 사회적 혼합이 이루어진 공동체였다(Schubert, 2000: 122). 스타인 역시 주택유형을 다양화함으로써 다양한 계층을 수용하는 방안을 모색했다(Talen, 2005: 184). 적어도 소득계층에 관한 한 페리와 스타인이 획일화된 공동체를 추구했다는 주장은 사실이 아니다.[7]) 이러한 공동체의 이상이 실현되지 않은 것은 시장에 의해 주택공급이 이루어지는 시스템 속에서 정부의 의도적 개입 없이는 사회적 혼합이 이루어지기 어려움을 보여준다.

Schubert(2000: 124)는 래드번이 '계획가의 성지'가 되었지만, 래드번 거주자의 일상생활은 다른 교외 거주자의 그것과 크게 다를 바 없다고 평가한다. 래드번 계획가들은 래드번이 새로운 공동체 의식을 조성하는 토대가 될 것이라고 기대했지만, 실제 주민들은 여전히 개인주의적이고 보수적이었다. 대부분의 주민들은 교육받은 중산층이었으며, 70% 이상의 사람들이 뉴욕과 뉴저지로 통근했다(Christensen, 1986). Lee and Ahn(2003)이 비교적 최근에 발표한 논문

---

6) White, Anglo-Saxon, and Protestant.
7) 페리는 도시의 혼란을 막기 위해 어느 정도는 근린주구의 동질화가 필요하다고 생각했는데(Talen, 2005: 109), 그 '동질화'란 인종이나 민족의 동질화로 볼 수 있다. 따라서 근린주구는 인종적으로 분리된(segregated) 공동체를 추구했다고 볼 수 있는데, 이는 페리가 특별히 인종차별주의자라서가 아니라 시대적 한계라고 보아야 할 것이다.

에 따르면 래드번은 우수한 생활환경으로 인해 여전히 중산층 거주지로서 높은 평가를 받고 있으며, 그로 인해 부동산 시장에서 높은 주택가격이 형성되고 있는 것으로 파악되었다. 총론적으로 Talen (2005: 266)은 이러한 이상(理想)과 현실의 괴리가 계획가의 사회적 이상을 수용할 수 없는 미국의 보수적 정치문화에서 기인하는 결과라고 평가한다.

물리적 측면과 사회적 측면을 포괄하는 비판으로서 근린주구론의 환경결정론적 인식에 대한 비판을 제기할 수 있다. 좋은 설계가 공동체 정신의 함양에 기여한다는 페리의 주장으로부터(Talen, 2005: 180), 환경결정론적 사고가 그의 인식의 토대였음을 알 수 있다.[8] 그런데 근린주구론이 추구하는 특정 물리적 형태와 계획을 통해 더 나은 사회와 건전한 사회의식을 이룰 수 있다는 사고는 현실에 대한 대단히 단선적인 이해라고 볼 수 있다. 사실 이러한 근린주구론의 인식은 정도의 차이는 있으나 모든 건축가와 도시계획가들이 공유하는 인식이다. 래드번 등 근린주구의 성과는 오히려 현실이 그렇게 일차원적이지 않다는 것을 보여준다는 점에서 의의를 갖는다. 도시계획가들이 주지해야 할 부분은 도시계획으로 모든 것을 이룰 수는 없으며, 이룰 수 없는 것이 오히려 많다는 사실이다.

---

8) 그는 환경결정론적 시각에서 정부의 무차별적 도시재개발사업을 지지했다 (Thadani, 2010: 526).

Chapter 07

근대 도시계획의 화양연화

본 장에서는 근대 도시계획의 정점을 찍었던 르 꼬르뷔제(Le Corbusier)와 그에게 영향을 미친 토니 가르니에(Tony Garnier), 안토니오 산텔리아(Antonio Sant'Elia)의 계획에 대해 알아보고자 한다. 르 꼬르뷔제는 이전 선학들이 제시한 유토피아 도시계획의 원칙을 자신만의 계획철학으로 집약해서 근대 도시계획의 정수를 보여줬다. 르 꼬르뷔제의 도시계획이 사람들을 격동시켰던 시절은 근대 도시계획의 '화양연화(花樣年華)', 즉 만개한 꽃처럼 가장 아름다운 시절이었다. 꽃이 지듯 1960년대 이후 근대 도시계획은 격렬한 비판과 함께 급격한 퇴조를 맞게 되고 오늘날 철지난 유물처럼 취급되고 있는 것이 사실이다. 하지만, 르 꼬르뷔제가 도시계획에 남긴 깊은 명암은 오늘날 도시계획을 업으로 삼고 있는 이들에게 유품이 아닌 현재형으로 살아 숨 쉬고 있다.

1. 토니 가르니에와 안토니오 산텔리아

하워드가 영미 개혁전통에 기반하여 그의 사고를 발전시켰던 것처럼 르 꼬르뷔제는 생시몽과 푸리에 등으로부터 시작된 대륙 전통의 유토피아주의의 유력한 계승자라고 할 수 있다. 르 꼬르뷔제가 등장하기 직전 활약했던 토니 가르니에와 안토니오 산텔리아 역시 급진적 유토피아주의의 후예로 평가된다. 따라서 토니 가르니에와 안토니오 산텔리아가 제시한 이상도시는 르 꼬르뷔제 도시계획의 서곡이라 할 수 있다.

1) 토니 가르니에의 공업도시

그림 7-1 토니 가르니에

프랑스 리옹(Lyon) 출신의 건축가인 토니 가르니에(1869~1948)는 1886년 리옹에 있는 에꼴 데 보자르(École nationale supérieure des Beaux-Arts)에 입학하여 3년을 수학한 후, 파리에 있는 에꼴 데 보자르에서 1899년까지 건축 수업을 받는다. 그는 1899년 국립은행 설계로 로마대상(Grand Prix de Rome)을 받아 빌라 메디치(Villa Medici)에 있는 로마 프랑스 아카데미에서 다시 4년을 수학하게 된다. 로마에서 수학하는 동안 가르니에는 여느 수상자들과 달리 도시 프로젝트에 매달렸다(프램튼, 2017: 184). 그는 성과물로서 고대 로마시대의 도시 투스쿨룸(Tusculum) 복원계획과 '공업도시(La Cité Industrielle)'에 대한 계획안을 만들었고, 그 성과물들을 1904년 파리에서 전시했다. 이후 '공업도시' 계획은 『공업도시: 도시건설을 위한 연구(Une Cité Industrielle: Etude pour la construction des villes)』라는 제목으로 1918년에 출판된다.

가르니에의 계획은 대량생산과 산업적 효율성이라는 시대정신을 도시형태에 적극적으로 수용한 작품으로 평가된다(Talen, 2005: 50-51). 가르니에는 이전 시대의 계획접근을 과감히 거부하고 수력 발전, 비행장, 고속도로 등의 새로운 도시시설과 함께 엄격한 기능분리와 같은 '기계시대' 도시의 원칙을 적극적으로 제시했다(LeGates and Stout, 1998). 가르니에가 제시한 일조, 통풍, 식생 등 위생적 측면의 강조, 충분한 건물간격, 보차분리, 전원도시 개념의 도입은 이후 근대 도시계획의 핵심원칙으로 자리 잡게 된다(Benevolo, 1977: 335).

가르니에가 제시한 '공업도시'는 구체적으로 특정 지역을 명시하지는 않았지만[1] 리옹을 염두에 둔 것으로 판단된다. 프랑스 남동부에 위치하며 지형은 산으로 둘러싸여 있고 남쪽으로 강이 지나는 이 지역에 가르니에는 인구 3만 5천 명의 도시를 계획했다. 가르니에는 도시 만들기에 있어 원자재로의 접근성과 에너지원으로서의 자연력의 존재 및 운송의 편의성을 가장 중요한 요건으로 보았다(프램튼, 2017: 182). 따라서 도시는 강을 끼고 위치한다. 댐을 통해 만들어진 수력발전소가 공장과 도시전체에 에너지를 공급한다. 주요 공장은 강과 지류가 합류하는 지점의 넓은 평지에 세워진다. '공업도시'에서 교통체계는 물자 수송 및 주변지역과의 연계를 위한 중추적 역할을 담당한다. 따라서 도시 간 고속도로, 인터체인지에서 교차하는 간선도로, 철도로 이루어진 교통 순환체계와 하천 연안에 조성된 항구가 도시의 기능을 뒷받침하게 된다. 철도는 시가지와 공업지구를 가로지른다. 철도역은 접근성을 고려하여 도시 중심에 입지한다.

가르니에는 이러한 구조를 통해 자족성을 지닌 '공업도시'가 지

---

1) 그는 그의 '공업도시'가 일반적인 도시모형으로서, 실현을 위해서는 적당한 부지를 찾아야 한다고 명시했다(Benevolo, 1977: 331).

그림 7-2 공업도시 레이아웃

그림 7-3 공업도시 조감도

그림 7-4 공업도시 내 공업지구

그림 7-5 공업도시 내 주거지구

속적으로 성장·발전할 것으로 예측했다. '공업도시'의 자족적 성장방
향은 전원도시의 내부 지향적 자족성이 아닌 교통체계에 의해 주변
과 연계된 발전방향이라는 점에서 창의적이라 할 수 있다(조재성,
2020: 131).

가르니에의 도시계획은 근대 도시계획의 지향점을 명징하게 보
여준다. 그는 '공업도시' 계획을 수립함에 있어 도시의 기능을 거주,
노동, 휴식, 교통으로 분류했는데, 이는 1933년 근대건축국제회의
(CIAM)에 의해 수용되어서 아테네 헌장(Athens Charter)의 중심내용을
이루게 되는 개념이다. 또한 가르니에는 녹지공간의 중요성을 인식
하여 도시 면적의 50%를 공공녹지에 배정했는데, 이러한 녹지공간

의 강조는 '공원 속의 도시(city within a park; towers in the park)'라는 슬로건으로 르 꼬르뷔제의 계획에 그대로 수용되었고, 이후 르 꼬르 뷔제 계획의 트레이드마크로 활용된다. '공업도시'에서는 병원, 마을, 공장이 장래 확장을 고려하여 충분한 여유부지를 확보하는 것으로 구상되었는데, 이로 인해 각 기능들이 상호 분리되는 결과가 나타났다(Benevolo, 1977: 331). 그 외에도 주거와 공업의 기능적 분리, 건물과 가로의 분리, 보행자와 자동차 교통의 분리 등의 '분리' 기법이 의도적으로 사용되었다(Talen, 2005: 51, 63). 이후 그가 도입한 분리의 개념은 근대 도시계획의 핵심적인 기법으로 활용된다.

가르니에는 도시를 시가지와 공업지구로 나누고 시가지는 다시 주택용지와 공공시설용지로 세분했다. 용도의 분리를 위해 그린벨트가 활용되었다. 시가지에는 도로 폭에 따라 엄격한 계획기준(code)이 설정되었다(프램튼, 2017: 185). 주거지역은 동서방향 150m, 남북방향 30m의 기본블록으로 구성된다(Benevolo, 1977: 334). 이 블록은 15m ×15m 규모의 정방형 획지 20개로 분할된다. 각 획지는 건폐율 50% 이하로 건축되고 나머지는 공원녹지로 활용된다. 원활한 일조권의 확보를 위해 일조권 사선제한의 개념이 도입되었다.

건물 배치에 있어서는 일조, 통풍, 녹지공급의 기준이 제시되었고, 다양한 유형의 주택이 계획되었다(프램튼, 2017: 185). 가로를 따라 도열한 소규모 단독주택들이 균일한 형태로 배치되었다(Benevolo, 1977: 334). 최신 기술인 철근 콘크리트 기술이 적극 채용되었고, 이를 통해 연속된 유리창 입면, 평지붕 등의 건축계획의 실현이 용이해졌다(조재성, 2020: 133). 이는 이후 르 꼬르뷔제의 계획에도 영향을 미치게 된다.

가르니에의 '공업도시'는 사회주의 이상에 충실한 계획이었다. 열렬한 사회주의자였던 가르니에는 '공업도시'를 통해 평등하고 억압이 없는 도시를 만들고자 했다. 프램튼(2017: 188)은 가르니에가 제안한 '공업도시'를 "지중해 지방 사회주의의 목가적 비전"이라고 평가한다. 이 도시는 사유지, 담장, 교회, 막사, 경찰서, 법정이 없는 도시였다(프램튼, 2017: 185). '공업도시'에서는 공익의 실현을 위해 건축물과 위생에 대한 공적 규제가 부과되는 것으로 구상되었다(Benevolo, 1977: 331). 또한 토지의 이용 및 배분, 기초 식료품과 의료의 분배 및 쓰레기 재활용이 공공에 의해 수행되는 것으로 구상되었다(Benevolo, 1977: 331).

무엇보다 '공업도시'는 '건축가의 계획'이었다. 비전의 현대성만큼이나 상세한 계획이 특징적이다. 도시의 원칙과 방향성뿐 아니라 도시전역을 구역별로 나누어 다양한 스케일로 상세하게 스케치를 하고 있고, 여기에 철근 콘크리트의 활용 방법까지 제시하고 있다(프램튼, 2017: 188). 이러한 측면에서 프램튼(2017: 188)은 가르니에의 '공업도시'를 르두의 쇼 이래 가장 포괄적인 도시만들기의 시도라고 평가한다. 하지만 Benevolo(1977: 340)는 오히려 이러한 측면에서 가르니에의 한계를 찾는다. 가르니에는 도시를 하나의 거대한 건축물로 이해했고 그러한 인식에서 건축의 원칙을 도시계획에 그대로 적용했다는 것이다. 따라서 가르니에의 '공업도시'는 도시계획이라기보다 건축물의 집합이었고, '공업도시'를 계획한 가르니에는 도시계획가라기보다 건축가였다고 평가할 수 있다.

이후 가르니에는 1904년부터 1914년까지 사회주의 도시 리옹에서 그의 비전을 실현하기 위해 노력한다. Benevolo(1977: 335)는 가르니에와 그 이전 유토피아적 계획가들의 다른 점을 그가 리옹에서 실현한 일련의 공공건축 및 주거지 계획에서 찾는다. 이들 건축계획은 가르니에가 제안한 '공업도시' 구상의 일부였다. 그는 리옹 시장인 에리오(Édouard Harriot)의 전폭적 지원을 통해 그의 이상과 이론을 현실로 구현해낼 수 있었다(프램튼, 2017: 185). 하지만 '공업도시' 계획이 도시계획을 오스만적 관점에서 단순명료하게 본 것과 달리, 실제 도시계획은 그보다 훨씬 복잡한 것이었고 가르니에는 지속적인 수정과 타협을 통해 그의 구상을 실현하고자 애썼다(Benevolo, 1977: 341).

가르니에의 '공업도시'는 리옹 시에 적용되어 1920년 작품집 *Grands travaux de la ville de Lyon*의 일부로 발표되는데 (그림 7-6), 완벽하게 실현되지는 않았지만 이후 르 꼬르뷔제 등 근대 도시계획의 계획철학에 깊은 영향을 미쳤고, 중공업에

그림 7-6 리옹 계획

기반을 두고 있다는 점에서 이후 소련 건국 초 도시계획에도 영향을 미치게 된다. Benevolo(1977: 340)는 가르니에의 비전이 동시대 다른 건축가들보다 훨씬 선진적이었다고 평가하면서 위대한 건축가인 가르니에가 상대적으로 알려지지 않은 것은 그가 유럽의 변방인 리옹에서 자신의 일에만 몰두했기 때문이라고 설명한다.

2) 안토니오 산텔리아의 미래도시

파시스트였던 안토니오 산텔리아(1888~1916)는 건축이나 도시

그림 7-7 안토니오 산텔리아

계획으로서 보다 과격하고 화려한 필치의 선언문으로 더 유명하다. 그의 건축 작품이 많지 않은 이유는 그가 제1차 세계대전에 참전하여 28세의 젊은 나이로 전사했기 때문이다. 1914년 발표된 그의 '미래파 건축선언 (*l'Architettura Futurista*)'은 과거로부터 유래하는 모든 규범, 건축, 도시와의 단절을 주장한다. 산텔리아에게 혁명은 정치경제적 사건이기보다 미학적인 현상이었고, 건축은 '혁명'이라는 추상적 개념의 구체적 표현이었다.

산텔리아는 롬바르디 주의 코모(Como, Lombardy)에서 출생해서 코모 기술학교를 졸업했다. 이후 밀라노로 이주하여 디자인 사무소를 운영했고 1912년 '신경향(Nuovo Tendenze)'이라는 예술운동 그룹을 만들어 미래주의 운동에 뛰어든다. 그는 1914년 열린 그룹전에서 자신의 신도시(La Città Nuova) 스케치를 발표한다. 그는 전시회 팜플렛 서문인 '메시지'를 썼는데, 이것이 뒤에 정식으로 발간된 '미래파 건축선언'의 초안이 된다. 그는 '선언'에서 기계시대의 도래와 과학기술에 기초한 새로운 건축의 필요성 및 그 아름다움을 역설하면서 구시대 건축과의 단절을 선언한다. 그는 철근콘크리트, 강철, 유리와 같은 신기술의 재료를 강조하면서 대형 아파트, 호텔, 아케이드, 승강기, 조선소, 철도(역사), 도로, 항구, 터널, 철교, 고속열차, 컨베이어벨트와 같은 새로운 도시 구조물들을 찬미하며 새로운 시대정신과 새로운 건축의 도래를 선언한다(프램튼, 2017: 161). 이후 이러한 과학기술에 대한 찬미는 르 꼬르뷔제와 근대주의 건축가들에 의해 계승되는 핵심 사상을 이루게 된다(Taylor, 1998: 164).

산텔리아는 새로운 시대의 상징으로 '신도시'를 그렸다. 대부분은 투시도이며 몇 장의 평면도와 단면도가 남아있다. 그의 '신도시'는 고도로 산업화되고 기계화된 미래 도시를 형상화한 것으로 오늘날까지도 SF 도시의 모습으로 원용되곤 한다.2) 그는 도시 전체를 하나의 계획으로 표현하기보다 다양한 기능별로 나누어서 보여주었다. 하지만 그의 의도는 이러한 개별 요소들이 통합적으로 연계되어 구성하는 전체 도시를 보여주는 것이었다. 산텔리아는 기계시대의 정신을 표현하기 위해 의도적으로 철재구조를 외부로 노출시켰다. 마천루와 미니멀리즘의 형상화 또한 기계시대의 정신을 잘 반영하는 부분으로 평가된다(그림 7-8~7-10).

교통체계에 있어서는 자동차 교통의 도입과 그 처리에 주목하

 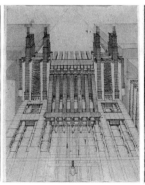 

그림 7-8 신도시(주택)   그림 7-9 신도시(철도역)   그림 7-10 신도시(발전소)

---

2) Fritz Lang의 *Metropolis*(1927)와 Ridley Scott의 *Blade Runner*(1982) 속의 미래 도시 이미지에 영향을 미친 것으로 평가된다(*Irish Arts Review*, 2016).

였다. 그림 7−9는 철도역의 철로와 엘리베이터 그리고 도로를 상이한 레벨로 연결시킨 입체교차 체계를 보여준다(윤장섭, 2005: 209). 거주공간은 고층 아파트에 의해 제공되며, 사무공간 역시 마천루에 의해 제공된다.

르 꼬르뷔제는 산텔리아의 주장에 공명하여 장식 없는 고층건물과 입체교차 체계를 계획에 적극 반영했다. 하지만 르 꼬르뷔제가 산텔리아로부터 받아들인 핵심은 그러한 부분적인 계획요소라기보다 부분적 개량이 아닌 혁명적 전복을 통해 도시를 바꾸어야 한다는 사고체계라 할 것이다.

2. 르 꼬르뷔제의 빛나는 도시

1) 르 꼬르뷔제의 계획 원칙

스위스 태생의 프랑스 건축가 르 꼬르뷔제(Le Corbusier: 1887~1965)의 본명은 샤를 에드아르 쟌네레(Charles−Édouard Jeanneret)이다. 르 꼬르뷔제의 집안은 대대로 스위스에서 시계공으로 일해 왔다. 시계의 정밀성과 기계적 엄격성, 칼뱅주의자로서의 결벽증은 르 꼬르뷔제 건축철학의 핵심으로 기능한다. 그는 일평생 시계처럼 정확하게 돌아가는 도시와 살

그림 7-11 르 꼬르뷔제

기위한 기계(machine for living), 주택을 생산하는 기술자를 자임했던 인물로 평가할 수 있다.

그저 그런 한명의 청년 건축가에 불과하던 르 꼬르뷔제가 세상에 알려진 것은 1922년 살롱 도톤느(Salon d'Automne)의 요청에 의해 작성한 인구 300만을 위한 '현대도시(La Ville Contemporaine)'를 발표하면서부터이다. 가르니에의 '공업도시'처럼 '현대도시'는 특정 도시를 대상으로 한 것이 아니고 원론적인 계획개념(ideal type)을 표현한 것이었지만, 파리를 염두에 두었음에 틀림없다(Fishman, 1977: 190). 당시 파리는 인구증가로 인한 도시문제로 고통 받고 있었는데, 시 당국은 이를 효율적으로 관리하지 못하고 있었다. 르 꼬르뷔제는 오스만의 파리개조가 해결하지 못한 가로 뒤 옛 파리의 무질서를 증오했다(Hall, 1988: 204). 그는 "우리 도시에서 증가하는 무질서는 혐오스러운 것이다. 도시의 쇠퇴는 우리의 자존심과 존엄성을 손상시킨다. 그러한 도시들은 오래 되었다고 가치가 있는 것이 아니다"라고 주장했다(Hamer, 2000: 199).

르 꼬르뷔제는 당시 주목받던 하워드나 카밀로 지테(Camillo Sitte) 식의 접근방법으로는 직면한 도시문제를 결코 해결할 수 없다고 보았다(손세관, 1993: 295). 르 꼬르뷔제가 생각하기에 하워드는 도시문제의 해결을 도시 안에서 찾지 않고 농촌에서 찾는 오류를 범했다. 그는 이로 인해 도시 공동체가 해체되고 개인들이 소외되는 문제가 야기되었다고 주장했다. 르 꼬르뷔제는 광장이나 파사드 등 도시의 미적인 측면을 강조했던 지테에 대해서는 '반동적 낭만주의자'라는 평가를 내렸다. 그는 오스만이 파리를 전면적으로 개조한 것처럼 기성 도시를 완전히 쓸어버리고 완전히 새롭게 개조해야 한다고 주장했다. 그는 자신의 계획철학을 피력한 『도시계획(L'Urbanisme)』에서 "우리는 백지 위에 건설해야 한다. … 교통부문의 요구는 기존

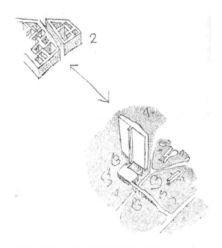

그림 7-12 르 꼬르뷔제의 밀도 개념

건물의 완전철거이다. … 기존 도심은 철거되어야 한다. 도시를 살리기 위해 모든 대도시들은 중심을 다시 만들어야 한다"고 외쳤다(Hall, 1988: 208-209).

이처럼 르 꼬르뷔제는 과밀한 기성도시를 일소하고 도시에 충분한 햇빛, 녹지, 오픈스페이스와 신선한 공기를 제공해야 한다고 생각했다. 인구는 계속 증가하는데 어떻게 이것이 가능할까? 르 꼬르뷔제의 해법은 고층화였다. 르 꼬르뷔제가 남긴 중요한 유산은 고층화를 통해 동일한 총밀도를 실현할 수 있음을 알려주었다는 점이다(조재성, 2020: 135). 르 꼬르뷔제에게 있어 밀도는 대단히 중요한 의미를 갖는다. 그는 도시의 높은 밀도가 경제적, 사회적, 문화적 활력으로 연결되는 도시계획의 기초라고 생각했다(Talen, 2005: 52). 이러한 사고는 르 꼬르뷔제를 지독히도 혐오했던 제인 제이콥스(Jane Jacobs)도 공유했던 인식으로, 이들의 차이는 고밀의 실현을 수직으로 할 것인가, 수평으로 할 것인가에서 찾아진다고 볼 수 있다.

따라서 우리는 르 꼬르뷔제의 도시계획을 고층·고밀 도시계획으로만 생각하기 쉽지만, 그의 계획의 핵심은 '녹지(공원) 위의 고층주거'에 있다. 건물 간의 간격을 충분히 떨어뜨려서 녹지를 충분히 공급하고 풍부한 햇빛과 공기를 공급하겠다는 것이 그의 기본적인 발상이었다. 르 꼬르뷔제의 녹지 사랑은 옥상녹화로까지 이어지는

데, 이를 통해 도로를 제외한 지표(地表) 및 지표와 수평을 이루는 모든 옥외공간을 녹화시키는 효과를 기대할 수 있다. 제인 제이콥스는 르 꼬르뷔제의 도시가 그 표현과 무관하게 실제로는 대단히 반도시적이라고 비판했다(Taylor, 1998: 47). 그녀는 '빛나는 도시'가 엄청난 규모의 "grass, grass, grass"일 뿐이며, 하워드 전원도시의 고밀 버전에 불과하다고 평가했다(Talen, 2005: 52). 그녀는 같은 맥락에서 하워드의 계획과 르 꼬르뷔제의 계획을 싸잡아서 '빛나는 전원도시'라고 비판한 바 있다. 정당성과 무관하게 필자는 제이콥스가 르 꼬르뷔제 도시계획의 컨셉을 잘 포착했다고 생각한다.

2) '현대도시' 계획

이제 르 꼬르뷔제가 제안한 '현대도시' 계획의 내용을 살펴보자. '현대도시'는 엄격한 일관성에 기초하여 이후 아테네 헌장에서 천명된 도시의 기능인 주거, 생산, 여가, 교통이라는 계획요소에 의해 직조된 공간으로 설명할 수 있다. 르 꼬르뷔제는 100㎡의 축소모형을 통해 그의 웅대한 도시계획 이념을 피력했다. 르 꼬르뷔제는 기능은 물론 계층의 공간적 분리를 적극적으로 시도함으로써 단순한 건축이 아닌 새로운 사회의 비전을 제시했다.

계획은 도시 중심에 250m 간격으로 열십자(十) 형상을 갖는 60층 규모의 마천루 24동을 배치한다. 마천루는 엘리트 계층이 근무하는 오피스 빌딩이다. 이 오피스 빌딩들은 부지면적의 95%에 해당하는 2,400m×1,500m 규모의 녹지공원에 둘러싸여진다. 이 오피스 구역은 50~80만 명의 도시 엘리트들에게 일자리를 제공한다(Fishman, 1977: 192).

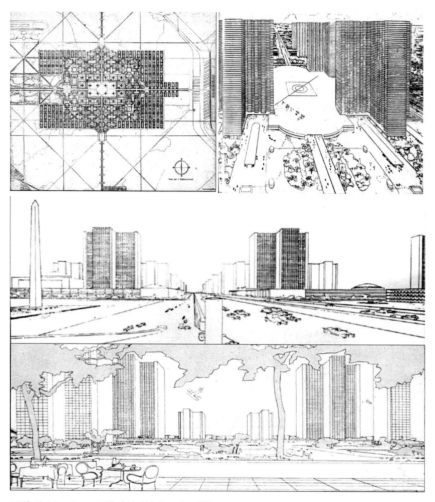

그림 7-13 르 꼬르뷔제의 '현대도시' 계획

르 꼬르뷔제는 직업에 따라 주거지와 주거형태를 달리했다. 오 피스 동 바로 바깥쪽에 엘리트들이 거주하는 6층 규모의 고급 테라 스와 고층 아파트로 구성된 슈퍼블럭(400m×600m)이 배치된다. 테라 스는 베르사이유 궁이나 팔랑스떼르처럼 요철(凹凸) 형태를 갖는다.

공지율은 85%이다. 상당한 이격 거리를 갖는 건물들 사이에 이삼층 규모의 레스토랑, 카페, 고급 소매점을 포함하는 근린생활시설이 들어선다. 아파트에는 발코니를 두어 채광과 신선한 공기, 외부와 실내 공간의 녹지 연속성을 확보하고자 했다.

'현대도시'는 질서와 기능 이상으로 여가를 중시하는 도시로, 르 꼬르뷔제는 8시간 노동이 야기하는 인간성 상실이 8시간의 여가로 회복되어야 한다고 생각했다(Fishman, 1977: 201). 따라서 호텔 객실이나 크루즈 여객선 서비스에 비견되는 럭셔리한 서비스가 아파트 내에서 제공되는데, 이는 주거시설에 편의시설을 결합한 푸리에의 팔랑스떼르의 계획개념을 원용한 것이었다(Fishman, 1977: 197). 이러한 그의 구상은 이후 그가 설계한 위니떼 다비따시옹(Unité d'Habitation) 계획을 통해 지속적으로 시도된다.

전체 도시를 그린벨트로 둘러싸고 그 너머 교외에 전원주택을 건설한다. 이곳에는 격자형 도로망에 48%의 공지율이 적용된 서민 아파트가 건설된다(Hall, 1988: 209). 이곳에는 공장 노동자들과 하급 사무직, 엘리트 계층에게 서비스를 제공하는 이들이 거주하게 된다. 이들 아파트 인근에는 공장이 입지한다.

르 꼬르뷔제는 '현대도시'는 속도에 의해 지탱된다고 생각했다. 그는 속도 개념을 중심으로 고속도로, 지하철, 접근로, 보행로, 자전거길이 정교하게 연결되도록 교통체계를 계획했다(Fishman, 1977: 191). 르 꼬르뷔제는 산텔리아의 스케치처럼 도시의 정중앙에 전체 교통의 다중적 입체교차점을 설치했다. 이곳에서는 고속도로와 지하철 노선이 교차하며 환승역과 철도 중앙역이 위치한다. 이 거대한 구조물의 지붕은 비행기가 이착륙하는 활수로가 된다.

'현대도시'는 르네상스 이래 이어진 유토피아의 이상을 완벽하게 구현한 것이었다. '현대도시'는 조금의 굴곡도 없는 완전한 평지에 입지한다. 정확하게 대칭을 이루는 도로들의 격자상은 완벽한 질서와 형태의 순수성을 통해 기하학의 승리를 보여준다(Fishman, 1977: 190). 르 꼬르뷔제의 계획은 또한 생시몽적 기술관료주의와 사회공학의 구체적 산물이었다(Fishman, 1977). 그는 도시계획이라는 전문분야를 일반인들에게 맡길 수 없으므로 전문가가 전적인 권한을 갖고 이를 실현해야 한다고 생각했다(Hall, 1988: 207). 이는 앞에서 살펴본 도시미화운동과 그 계승자인 도시효율성운동의 인식과 궤를 같이 하는 것으로, 전(前)근대를 막 극복한 근대 지식인들이 공유했던 공통의 인식이었다. 도시효율성운동의 지도자 놀렌(Nolen)은 르 꼬르뷔제의 『도시계획』에 대한 서평에서 "근대 세계에는 근대 도시가 필요하다. 그것은 르 꼬르뷔제가 제안한 것과 같은 것이다"라고 썼다(Talen, 2005: 148). 그는 르 꼬르뷔제가 주창한 집의 '살기 위한 기계' 개념에 적극 공감해서, 가로를 '교통기계' 또는 '속도를 내기 위한 공장'의 개념으로 확장시켜야 한다고 주장했다.

흔히 '현대도시'는 엘리트 자본주의 도시의 전형으로 이해된다(프램튼, 2017: 288). 르 꼬르뷔제는 사회가 소수의 엘리트들에 의해 움직인다고 생각했다. '현대도시' 계획은 그들을 중심으로 도시를 구성하고, 그들에게 봉사하는 여타 사람들을 주변에 위치시키는 개념으로 구상되었다. 여가 공간에 있어서도 엘리트들에게는 풍부하고 수준 높은 여가공간이 제공되는 반면, 주변부의 프롤레타리아트들에게는 최소한의 여가공간과 서비스가 제공되는 방식으로 계획이 작성되었다(Fishman, 1977: 197-199). 프롤레타리아 거주지에서는 개인공간인 방을 가능한 한 작게 만들고 가족 센터, 식당, 부엌 등 공유공간을 확보하는 데 주력했다(Fishman, 1977: 200). 르 꼬르뷔제는 이것을 차별이 아닌 역할에 따른 차이로 이해했다.

공산당 기관지 『인류(L'Humanité)』는 '현대 도시'의 이러한 발상을 '반동적 프로젝트'로 평가했다(프램튼, 2017: 288). 르 꼬르뷔제가 1925년 발간한 『도시계획』에 수록된 거침없는 언술들은 '인류'의 그러한 지적이 정당했음을 확인시켜준다. 하지만 르 꼬르뷔제는 자신의 계획이 부르주아 자본주의나 공산주의를

그림 7-14 앵발리드 건설을 명하는 루이 14세

특정한 것이 아니라 다가오는 산업사회의 위계적 성격을 묘사한 것일 뿐이라고 주장했다(Fishman, 1977: 193). 그는 당파를 초월한 중립적 기술자의 시각에서 계획을 만들었다고 주장했다. 논의의 여지는 있지만 분명한 것은 르 꼬르뷔제가 좌우를 넘나들며 강력한 권위와 전체주의에 이끌렸다는 사실이다(Fishman, 1977). 그는 "그가 누구든 간에 프랑스는 아버지를 필요로 한다"고 외쳤다(Fishman, 1977: 237). 그는 일평생 권위를 갈망했다. 뒤에서 다시 살펴보겠지만 그가 진정으로 원했던 것은 권위 자체라기보다 그의 계획(질서)을 실현시켜줄 강력한 힘과 권력이었던 것 같다. 『도시계획』 말미에 포함된 앵발리드(Invalides) 건설을 지휘하는 루이 14세의 삽화는 그의 이러한 사고를 잘 보여주는 메타포라 할 수 있다.

3) 브와쟁 계획

르 꼬르뷔제는 1925년 '현대도시' 계획을 파리에 적용한 브와쟁 계획(Plan Voisin)을 발표했다. 브와쟁이라는 이름은 계획안의 전시회를 지원한 비행기 제조회사의 이름에서 가져온 것이었다. 브와쟁 계획은 약 571ha 면적의 파리 도심지역을 완전히 철거한 후, 그 자리에 18개동의 고층 빌딩을 건축하고 그 주위로 호화 아파트와 공원을 배치하며 120m 폭의 고속도로를 도시 중심부로 관통시키는 구상을 담고 있다. 계획에서 250ha는 비즈니스 건물군에, 85ha는 중앙역에 할애되었고, 158ha는 주거지역, 나머지 78ha는 8동의 추가 오피스동(4구역)으로 계획되었다(Valasquez, 2016: 232).

고층빌딩들은 세계적인 대기업의 본사로서 르 꼬르뷔제는 브와쟁 계획을 통해 파리를 세계 비즈니스의 중심으로 만든다는 비전을 제시했다. 브와쟁 계획이 실현되었다면 파리 시내 대부분의 역사적 건물들은 철거되었을 것이다. 브와쟁 계획은 파리의 협소한 길들을 일소하고 완전히 새로운 도시로 재건한다는 구상 때문에 오스만 계획의 재림으로 평가된다. 르 꼬르뷔제에게 과거는 진보에 대한 장애

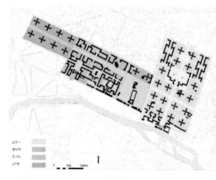

그림 7-15 브와쟁 계획

물이고 오래된 도시는 시대에 뒤떨어진, 무가치한 대상일 뿐이었다 (Hamer, 2000: 200).

르 꼬르뷔제는 도시문제의 본질이 오래된 도심에 있다고 보았다. 따라서 도시문제를 해결하기 위해서는 도시중심을 개조해야 한다고 생각했다. 도시 주변부에는 개발가용지가 많았지만 문제를 해결하기 위해서는 주변이 아닌 본질에 맞서야 한다고 생각했다 (Fishman, 1977: 207). 도시중심에는 인구가 집중되어 있고, 지가가 높으며, 풍요로운 전통이 자리 잡고 있다. 그는 이 모든 것이 구태의연한 구시대의 유물이라고 주장하면서 도시중심을 완전히 일소하고 새로운 질서를 부여해야 한다고 주장했다.

'현대도시'에서 반신반의하던 사람들은 브와쟁 계획을 맹렬히 비난했다(Fishman, 1977: 207). 브와쟁 계획은 오스만이 창조한 예술품 파리를 완전히 파괴하고 새롭게 개조하는 내용을 담고 있었기 때문이다. 그러나 르 꼬르뷔제는 아테네 헌장을 통해 피력한 것처럼 보전이 불건전한 환경에 사람들을 가두어 놓음으로써 그들을 희생시키는 행위를 정당화해서는 안 된다고 생각했다(Hamer, 2000: 197). 비평가들은 르 꼬르뷔제가 도시의 아름다움과 생명력이 무엇인지 모르는 얼치기라고 비판했다(Fishman, 1977: 208). 브와쟁 계획은 휴먼 스케일에도 맞지 않는데다, 지가가 높은 지역에서 놀리는 땅이 너무 많다는 점, 파리 특유의 라이프 스타일을 지탱하는 가로를 파괴한다는 점 등으로 인해 많은 비판을 받았다.

르 꼬르뷔제는 자신의 '자동차 중심 계획'인 브와쟁 계획을 주요 자동차 회사들에서 채택해줄 것이라고 기대했다(Fishman, 1977: 211).[3]

---

3) 만일 자동차 회사들이 그의 계획을 수용했다면, 계획의 이름은 오늘날의 브와쟁

그는 대니얼 버넘처럼 도시계획이 돈을 벌어다준다고 자동차회사의 CEO들을 설득했다. 그는 사업지 내 대부분의 땅을 공원으로 만들더라도 이전의 다섯 배 규모에 달하는 사무공간을 공급할 수 있으며, 그로 인해 토지가치는 최소한 네 배 이상 상승할 것이라고 주장했다 (Fishman, 1977: 212). 하지만 그의 다른 도시계획 작품처럼 브와쟁 계획도 그가 생각한 클라이언트들로부터 지지를 얻지 못했다. 대공황의 와중에 실현가능성이 없어 보이는 계획에 투자할 투자자를 찾는 것은 쉽지 않은 일이었다.

'현대도시'의 연장인 브와쟁 계획의 실패로부터 르 꼬르뷔제는 절대권력에 대한 의탁의 희망을 버리지는 않았지만 자본주의적 접근으로는 더 이상 자신의 비전을 실현시키는 것이 무망하다고 판단했다. 그가 대안으로 생각한 것이 급진적 노동조합주의인 상디칼리즘 (Syndicalism) 철학에 기초한 '빛나는 도시(La ville radieuse)'였다.

4) 빛나는 도시

르 꼬르뷔제는 1933년 '빛나는 도시'를 발표했다. 웅대한 스케일에는 변화가 없었지만 계획의 기조가 크게 바뀌었다. 이전의 계획이 자본가와 엘리트들을 위한 계층분리적 계획이었다면 '빛나는 도시'는 '평등'을 테마로 한 협동의 도시였다. 르 꼬르뷔제는 계급 없는 도시를 선언했다(Fishman, 1977: 230). 르 꼬르뷔제는 '빛나는 도시'를 통해 이전 시대 유토피아주의자들이 가져왔던 진보에 대한 낙관적 믿음을 형상화하고자 했다(Taylor, 1998: 74).

'빛나는 도시'에서도 권위와 중앙의 통제라는 개념은 여전했다.

계획이 아닌 시트로엥 계획이나 르노 계획, 푸조 계획이 되었을 것이다.

르 꼬르뷔제는 '현대도시'에서 권위와 함께 자유를 추구했다. 하지만 그는 일련의 실패를 통해 도시의 효율적 운용이 보이지 않는 손과 자유로운 경쟁이 아닌 사회의 집단적 통제, 즉 계획에 의해 이루어져야 한다는 생각을 갖게 되었다. 르 꼬르뷔제는 '빛나는 도시'가 더 큰 권위와 더 많은 자유를 보장한다고 주장했다(Fishman, 1977: 226). 르 꼬르뷔제는 이러한 모순된 주장을 통해 '빛나는 도시'가 상디칼리즘의 이상향을 구현시킨 것이라고 역설했다.4)

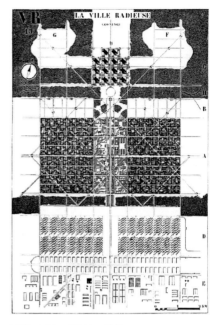

그림 7-16 빛나는 도시

'빛나는 도시'는 중앙집중식 모델에서 벗어나 개방형, 선형(線形) 도시 모델로의 이행을 특징으로 한다. '빛나는 도시'는 밀류틴(Miljutin)의 선형도시처럼 평행한 띠 안에 위성도시, 업무지구, 운송지구, 주거지구, 녹지지구, 경공업지구, 창고지구, 중공업지구 등의 기능을 나누어서 수용했다(프램튼, 2017: 337). 도시는 인간의 신체를 은유하는 형태로 계획되었다(프램튼, 2017: 338). 두 개의 주거지구는 허파, 그 사이에 위치한 문화센터는 심장, 맨 위에 위치한 16동의 십자형 마천루는 머리를 의미하는 것

---

4) 이러한 모순된 사고는 상디칼리즘 자체에 내재되어 있는 것으로, 노동해방을 외쳤던 프랑스의 노동조합주의자들은 제2차 세계대전 중 나치의 괴뢰정권인 비시(Vichy) 정부에 적극 참여하는 반동적 행태를 보였다(Hall, 1988: 210).

으로 해석된다.

모든 구조물은 필로티 구조로 되어 있어서, 차량은 필로티 하부에서 움직이고, 지상부는 보행자가 자유롭게 이동하는 연속적인 공원이 된다. 녹지의 추가공급을 위해 옥상정원 개념이 도입되었다.

빛나는 도시에서 모든 사람은 최소한의 개인공간만을 갖고 집단적으로 서비스를 제공받는 아파트인 위니떼(Unités)에 거주한다(Hall, 1988: 210). 위니떼는 푸리에의 사상과 르 꼬르뷔제 자신이 개발한 도미노(Domino) 주택 개념을 결합·발전시킨 것이었다. 동(棟)당 2,700명의 거주자를 갖는 위니떼는 대량생산체제에 의한 조립식 건설방식에 의해 공급된다(Fishman, 1977: 231). 위니떼 안에서 모든 가족은 '현대도시'와 달리 직업이 아닌 '필요'에 의해 주거를 배분받는다. 자연스럽게 다양한 직업의 사람들이 섞여 살게 된다. 개별 주호에서는 효율적 생존을 위한 최소한의 요구만이 충족된다. 르 꼬르뷔제는 빛나는 도시가 생산영역에서는 엄격한 위계와 통제를 기반으로 하나, 주거와 여가 영역에서는 폭넓은 자유를 보장한다고 주장했다(Fishman, 1977: 230). 하지만 필자가 보기에 그것은 사실이 아니다. 주거와 여가 부문에서도 개인의 영역은 사라지고 엄격한 사회공학적 집단논리에 따른 통제가 부과되었다.

'빛나는 도시'의 특징은 주거보다 집합 서비스 기능에서 두드러지게 나타난다. '빛나는 도시'에서 르 꼬르뷔제는 남성과 여성이 동등하게 일하는 사회를 상정했다(Fishman, 1977: 232). 이는 푸리에의 팔랑스떼르 개념을 수용한 것이었다. 르 꼬르뷔제는 이제 남성과 여성의 전통적 성역할 구분은 종말을 맞을 것이라고 예견했다. 따라서 여성의 전통적인 역할인 가사 서비스가 공동체 내에서 공유 서비스

로 제공될 필요가 있다고 보았다. 위니떼는 집합적 서비스의 제공을
위해 육아, 세탁실, 음식점, 청소 서비스의 편의시설을 갖추게 된다.
'빛나는 도시'의 위니떼와 선형도시 구상 이면에는 르 꼬르뷔제가 당
시 러시아를 방문하면서 얻은 소련 건축가들과의 교감이 있었던 것
으로 추정된다(Hall, 1988: 211).

르 꼬르뷔제 자신도 '빛나는 도시'의 실현 가능성에 대해서는 회
의적이었던 것 같다. 그는 '빛나는 도시'가 '혁명'이 실현된 이후에야
성취될 수 있다고 보았다(Fishman, 1977: 233). 다수 유토피아주의자들
의 사회인식처럼 혁명 이후의 사회에서는 도시문제도 사라질 것이라
고 보았기에 '잡다한 도시문제'에 대해서는 고려를 생략했다. '빛나는
도시'는 실현되지 못했지만 그의 비전은 스톡홀름, 알지에(Algiers),
앤트워프(Antwerp), 바르셀로나 등의 도시계획에 일정 부분 반영된
것으로 평가된다(Hall, 1988: 211).

5) CIAM과 아테네 헌장

근대건축국제회의(International Congresses for Modern Architecture:
CIAM)는 1928년 7개국 24명의 모더니즘 건축가들에 의해 창립된 국
제조직이다. 근대주의(Modernism)적 사고에서 건축과 도시문제에 접
근한 CIAM 운동에서 르 꼬르뷔제는 중추적 역할을 담당했다. 흔히
합리주의 또는 기능주의(Functionalism) 운동으로도 불리는 CIAM의
구성원들은 도시건설에 있어 효율성의 강조, 사회문제 해결에 있어
기술과 전문가에 대한 강력한 신뢰라는 기본인식을 공유했다(Talen,
2005: 52). CIAM은 1928년 6월 스위스 라사라(La Sarraz) 성에서 1차
회의를 개최한 이래, 1956년 유고슬라비아 두브로브닉(Dubrovnik)에

서의 10차 회의를 끝으로 해체되기까지 20세기 건축과 도시계획의 이념과 역사에 지대한 영향을 미쳤다. 10번의 회의 중 도시계획 역사에서 가장 중요한 회의는 1933년에 개최된 4차회의로 회의의 성과는 『아테네 헌장(La Charte d'Athènes)』이라는 이름으로 발표되었다. 르 꼬르뷔제는 아테네 헌장의 내용에 많은 영향을 미친 것으로 알려져 있다. 아테네 헌장의 내용은 1941년 르 꼬르뷔제에 의해 정리되어 발표되었다.

4차 회의는 원래 모스크바에서 개최되기로 계획되었으나 마르세유에서 아테네를 순항하는 크루즈 선상에서 회의를 갖는 것으로 계획이 변경되었다. 4차 회의의 주제는 '기능적 도시(Functional City)'로서 당시 건축가들의 증대된 도시계획에 대한 관심을 반영한 것이었다. 회의 참가자들은 18개국 33개 도시에 대한 분석을 바탕으로 성과를 도출하였다(조재성, 2020: 171). 르 꼬르뷔제에 의해 정리된 아테네 헌장은 총론, 도시 현황 및 문제에 대한 대책, 결론의 세 파트로 구성되어 있다. 아테네 헌장은 일찍이 가르니에가 제안했던 것처럼 도시의 기능을 주거, 여가, 노동, 교통으로 구분하였고, 각각의 부문에서 문제 상황에 대한 해법을 제시하고 있다. 네 개의 도시기능에 대한 검토와 함께 도시의 역사유산에 대한 관리방안을 검토하고 있다(르 꼬르뷔지에, 1999).

아테네 헌장은 모더니즘 건축 및 도시계획의 원칙을 수립하였으며 이 원칙은 1960년대에 이르기까지 공간계획의 공리(axiom)로서 기능하게 된다. 아테네 헌장이 르 꼬르뷔제의 영향 하에 작성된 탓에 그 내용은 르 꼬르뷔제 도시계획의 원칙과 동일하다. 아테네 헌장에서는 기능분리, 햇빛과 공기의 최대 확보, 풍부한 녹지공간의 제공, 슈퍼블록과 입체교차 체계의 도입 등의 원칙이 제시되고 있다.

오늘날 우리가 알고 있는 아테네 헌장의 독단적인 언술은 상당 부분 르 꼬르뷔제의 정리에서 기인하는 결과로도 볼 수 있다. 사실 4차 회의의 성과는 다음과 같이 누구나 공감할 수 있는 표현들로 정리된 바 있다(Mumford, 1968). "도시는 개인의 자유와 집단행동의 이익을 보장해야 한다", "모든 도시시설의 배치는 휴먼 스케일에 부합해야 한다", "도시계획은 거주자의 일상활동의 리듬에 따라 장소들 간의 관계를 결정해야 한다". CIAM의 주요 활동가인 지그프리드 기디온(Siegfried Giedion)은 CIAM의 가장 중요한 원칙은 "인간의 관점에 따른 계획"이라고 주장한 바 있다(Talen, 2005: 52). 이러한 인식은 훗날 CIAM 해체에 주도적 역할을 하는 Team X 그룹이 주장한 슬로건이었다(Mumford, 2000: 7). 아이러니한 것은 르 꼬르뷔제가 Team X 의 주장을 지지했다는 것이다(조재성, 2020: 178). 이러한 모순된 상황은 추상적으로 좋은 원칙이 현실에서 구체화되는 과정에서 나타나는 문제로도 볼 수 있다. Talen(2005: 53)은 이를 화이트헤드(Alfred North Whitehead)의 표현을 빌려 '잘못된 구체성의 오류'로 묘사한다.

도시문제 해결에 있어 효율성, 기술적 해결, 사회적 목적에 대한 고려가 증가하면서, CIAM 그룹은 다른 사고와 문제제기를 부정하고 점점 교조화되는 경향을 보이게 된다. 이는 폐쇄적인 집단 내에서 자기들만이 옳다고 믿는 집단동조화(pressure for conformity)에 따른 결과라고도 볼 수 있다. 문제는 그 사이 도시는 획일화되고 공동체는 황폐화되었으며, 사람보다 차가 주인이 되는 도시가 늘어났다는 점이다.

6) 르 꼬르뷔제의 계획사상

르 꼬르뷔제는 근대와 계몽 정신의 화신이었다. 더 많은 사람에게 더 효율적으로 더 쾌적한 공간을 제공해야 한다는 신념이 르 꼬르뷔제 건축철학의 핵심이었다. 사람들에게 직접적인 효용을 제공한다는 점에서 주택은 그의 가장 중요한 건축적 관심사였다. 르 꼬르뷔제가 견지했던 생시몽주의와 푸리에주의는 그러한 인식을 뒷받침하는 두 개의 축이었다. 효율성과 합리성이라는 인식의 근간이 생시몽주의라면 이를 구현하는 건축철학은 푸리에주의에 바탕을 둔 것이었다(Fishman, 1977: 234).

테일러리즘(Taylorism)에 근거한 표준화와 대량생산은 그의 건축철학을 실현하기 위한 필수적인 도구였다. 그에게 있어 단위 주택은 자동차처럼 인간의 기본효용을 충족시키기 위한 수단일 뿐이었다. 그는 도미노 주택이라는 원형으로서의 주택단위를 제시했고, 거기에 벽체와 설비를 집어넣어 조립한 주택을 시트로엥(Citroen) 주택이라고 명명했다. 시트로엥은 프랑스의 자동차 회사명으로, 시트로엥 주택은 자동차처럼 대량생산되는 기계로서의 주택을 상징한다. 그에게 주택은 '살기 위한 기계'일 뿐이었다. 시트로엥 주택은 그가 제시한 '현대도시'의 기본 주거단위로서 기능한다(손세관, 1993: 298).

그는 계획에 있어서 일관되게 국제주의(internationalism, universalism)를 추구했다. 서울에서 작동하는 기계가 뉴욕에서 안 돌아갈리 없기 때문에 모든 기계는 표준화되어야 하고, 이를 통해 기계 본연의 최대의 성능을 발휘해야 한다고 생각했다. 보편성의 원칙을 사랑했던 그는 바닥의 지형과 지질에 상관없이 건물을 올릴 수 있다는 점에서

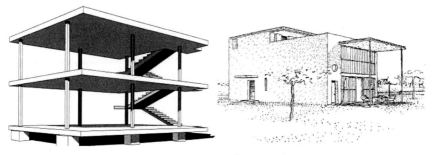

그림 7-17 도미노 주택   그림 7-18 시트로엥 주택

(심지어 바닥이 수면일지라도!), 건물설계 시 일관되게 필로티(piloti) 구조를 애용했다.

　다시 도시계획으로 돌아가서, 그의 도시는 전체적으로 고층을 유지하기 때문에 밀도는 높지만, 동간(棟間) 이격거리로 인해 쾌적성이 유지된다. 하지만, 이동은 어떻게 해야 하나? 보행중심의 중밀도시를 상정했던 전원도시와 달리, 르 꼬르뷔제의 계획은 당시 대량생산이 이루어졌던 자동차를 적극 활용하여 이를 시대정신으로 구체화하였다. 산텔리아 만큼이나 화려한 언사를 즐기던 르 꼬르뷔제는 "도시의 성공은 속도에 의해 판가름 난다. … 도로는 더 이상 소떼를 위한 길이 아니라 교통을 위한 기계이며 교류를 위한 장치이다"라고 선언했다. 르 꼬르뷔제는 이동성의 보장을 위해 시속 60마일(96km)의 도시 고속도로를 설계했다. 동서남북 사통팔달로 뚫린 고가 고속도로는 120ft(36.6m)의 폭을 가진다. 시대를 앞서 갔던 르 꼬르뷔제는 그의 계획에 공항과 헬리포트 구상까지 포함시켰다.

　합리성 여부를 떠나서 기존 민주주의 시스템에서 르 꼬르뷔제의 과격한 발상이 받아들여질 수 있는가? 그는 말 많은 바보들에 의해 끌려다니는 민주주의 체계에서 천재는 언제나 고독할 수밖에 없다고 생각했다. 그는 오스만, 그리고 그 이전 루이 14세의 재상이었던 콜베르(Jean-Baptiste Colbert, 1619~1683)[5]와 같은 절대 권력을 일평생 갈구했지만 결과적으로 그러한 클라이언트를 만나지는 못했다(Fishman, 1977). 그러한 그가 파시즘으로 경도된 것은 너무나 자연스러운 수순이었다. 그는 프랑스 상디칼리즘의 지도자 소렐(Georges Sorel, 1847~1922)이 주장한 폭력혁명과 파시즘적 주장에 적극 동조했다(Fishman, 1977).

자유로운 영혼을 가졌던 르 꼬르뷔제는 동시대인들보다 너무 앞서 갔기에 일반인이 보기에 그의 행보는 좌충우돌 그 자체였다. 전술한 것처럼 그의 위니떼는 사회주의자 푸리에가 제시한 팔랑스떼르의 구현이었으며, '빛나는 도시'는 무정부주의 이념인 상디칼리즘 공동체의 구체적 표현이었다. 러시아 혁명 후 소비에트 궁전(Palace of the Soviets) 설계공모에 작품을 출품했지만 낙선했다. 르 꼬르뷔제가 자신의 건축 이상과 잘 맞는다고 생각했던 러시아의 혁명적 건축가들은 소련을 방문한 그의 조언을 무시했다. 무솔리니의 초청으로 로마에서 강연을 하기도 했다. 제2차 세계대전 중에는 자신의 이상을 실현시킬 호기가 왔다고 보고 비시(Vichy) 괴뢰정부에 추파를 보냈지만, 비시 정부에서도 그를 이상한 사람으로 보고 무시한 탓에 종전 후에도 무사할 수 있었다(Fishman, 1977). 본질적으로 그의 지나치게 자기중심적인 성격이 계획실현의 가장 큰 장애물이었다(Hall, 1988: 212). 사실상 그에게 있어 이념은 아무런 의미가 없는 것처럼 보인다. 그의 관심은 오로지 이상도시의 실현에만 있었다고 보아야 할 것이다.

---

5) 루이 14세의 재상

7) 르 꼬르뷔제의 말년

하워드의 초년운이 별로였다면, 르 꼬르뷔제의 말년운은 대성공
이었다. 1947년 마르세이유(Marseille)에 주상복합건물인 위니떼다비
따시옹을 건설할 기회를 잡았다. 르 꼬르뷔제는 이 아파트형 집합주
거에서 사람들이 건물 내의 근린생활시설을 이용하고 서로 교류하면
서 커뮤니티 의식을 갖기를 희망했다. 하지만 그가 잊은 것이 있었
다. 그것은 위니떼가 고립된 성채가 아니라 도시 안에 위치한 건물
이라는 사실이었다. 굳이 건물 안에서만 물건을 사거나 수영장을 건
물 안에서만 이용해야 할 이유가 없는 것이다. 푸리에나 오웬의 공
동체처럼 외부와의 극적인 차단이 없는 한 이러한 이상은 실현되기
어려운 개념이다.6)

건축물 위니떼는 또한 르 꼬르뷔제 건축의 특징인 필로티 구조
로 되어 있다. 앞서 언급했듯이 필로티는 지표면에 구속되지 않고
인간의 자유로운 건축을 보장한다는 점에서 근대정신의 또 다른 발
현으로 이해된다. 위니떼는 마르세이유 이후 낭뜨, 베를린 등에 건립
되지만, 이용이 저조한 근린생활시설의 의미는 축소된다. 위니떼는
또한 건물 외벽에 새겨진 모듈(modulor)로도 유명한데, 모듈은 근대
주의자 르 꼬르뷔제가 엄격한 규격과 치수에 근거해서 자신의 계획
을 세웠음을 상징하는 부조이다. 마르세이유의 위니떼는 유네스코의
세계문화유산으로 지정되어 있지만, 아쉽게도 2012년 2월 화재로 건
물 일부가 훼손되었다.

---

6) 오늘날 게이티드 커뮤니티(gated community)를 지향하는 한국의 초호화 주상복
합건물이 위니떼의 개념을 수용하고 있는 점은 매우 흥미로운 부분이다.

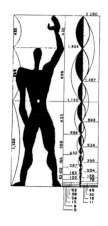

그림 7-19 위니떼 다비따시옹(마르세이유) 　　그림 7-20 르 꼬르뷔제
의 모듈

　평생을 기회만 엿보고 다니던 르 꼬르뷔제에게 실제 도시를 만들 기회가 찾아왔다. 파키스탄이 인도로부터 분리 독립함으로써 펀잡(Punjab) 주가 양분되었다. 인도 정부는 새로운 주도(州都)를 건설하고자 했다. 실현한 작품은 없지만 당대 최고의 도시계획가로 공인되던 르 꼬르뷔제에게 1950년에서 1951년까지 인도 정부가 펀잡 주의 주도 샨디갈(Chandigarh)을 계획해줄 것을 의뢰한 것으로 널리 알려져 있다.

　하지만 샨디갈 계획의 최초 작성자는 미국의 계획가 알버트 메이어(Albert Mayer, 1897－1981)였다. 메이어는 전원도시 전통에 기초한 근린주구 형태의 도시를 구상했다. 1951년 메이어의 파트너였던 노위키(Matthew Nowicki)가 비행기 사고로 사망하면서, 르 꼬르뷔제가 계획작업을 승계했다(바넷, 1997: 155; Hall, 1988: 212).[7] 르 꼬르뷔

---

7) 메이어의 계획그룹에 뒤늦게 합류한 르 꼬르뷔제가 불어를 못하는 메이어를 배

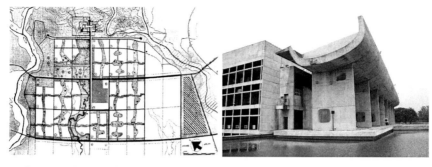

그림 7-21 샨디갈 계획 　　　　　**그림 7-22** 샨디갈 의회(르 꼬르뷔제 설계)

제는 메이어의 계획을 수정해서 대규모 오픈 스페이스로 둘러싸여진 슈퍼블록과 엄격한 기능분리 및 보차분리 체계를 완성했다. 그러나 샨디갈 계획에서 르 꼬르뷔제의 역할이 두드러졌던 부분은 개별 건축물에 대한 설계로, 그는 브루탈리즘적(Brutalism) 건축문법이 돋보이는 일련의 모뉴멘탈적(Monumental) 건물들을 선보였다.

　샨디갈의 목표 인구는 50만 명이고, 800m×1,200m 격자형 슈퍼블록에 풍부한 오픈 스페이스가 계획되었다. 샨디갈 계획은 인도의 실정과 전혀 맞지 않는 계획으로도 유명하다. 샨디갈에서는 무엇보다도 반(反)휴먼 스케일의 거대한 모뉴멘탈적 건축물과 가로체계가 눈에 띤다. 인도 북부의 기후나 인도인의 생활양식에 대한 고려가 전혀 없는 것은 물론 건축양식에 있어서도 인도 전통을 무시한 서구적 근대주의의 원칙이 일방적으로 적용되었다(Hall, 1988: 214). '현대도시'에서 활용되었던 주택계획의 준용으로 인해 소득과 사회적 지위에 의해 계층이 공간적으로 분리되는 결과가 초래되었다(Hall, 1988: 214). 다수의 서민들은 거대한 모뉴멘탈적 건물 너머 전기와 용

제하고 계획을 바꾸었다는 의견도 있다.

수도 공급되지 않는 빈민가에 몰려 살게 된다. 1970년대에 샨디갈 전체 인구의 15%가 무허가 불량주거지에 거주했다는 기록이 보고된 다(Hall, 1988: 214).

3. 브라질리아와 라 데팡스

르 꼬르뷔제에게 있어서 샨디갈보다 더 큰 의미가 있는 도시계획 작품은 브라질의 수도 브라질리아라고 할 수 있다. 브라질 정부는 새로운 행정수도를 건립하기 위해 국제공모를 했고 르 꼬르뷔제의 제자,[8] 루치오 코스타(Lúcio Costa)가 Pilot Plan[9]을 제출해서 당선됐다. 계획은 파라노아(Paranoah) 호수 주변의 지형적 요건을 반영한 단 5쪽의 스케치였는데, 흡사 비행기 날개 모습과 같은 형상을 갖고 있다. 루치오 코스타는 스승이 물려준 기능분리, 고층건물과 오픈스페이스, 모뉴멘탈리즘, 슈퍼블록, 자동차 중심의 계획 원칙을 성실하게 실현했다. Holston(1990: 31)은 브라질리아가 CIAM이 내세운 건축과 계획원리를 가장 완벽하게 구현한 작품이라고 평가한다. 르 꼬르뷔제가 선언했던 것처럼 과거에 대한 고려 없이 완전한 백지 위에 만들어진 브라질리아를 Holston(1990: 9)은 '총체적 탈문맥화(total decontextualization)'라고 지칭했다.

브라질리아는 '빛나는 도시'에서처럼 모든 계층들이 함께 거주

---

8) 코스타가 르 꼬르뷔제로부터 직접 배우거나 지도를 받았다는 기록은 없다. 하지만 도시계획에 있어서는 코스타를 르 꼬르뷔제의 계승자로 보는 것이 일반적인 견해이다.

9) 단순 스케치로서 개념적 시안(試案)이라는 의미와 비행기 날개를 형상화한 비행익(飛行翼) 계획이라는 두 가지 해석이 가능하다.

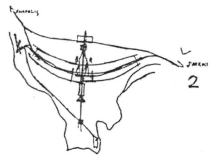

그림 7-23 브라질리아 계획   **그림 7-24** 파라노아 호수

하는 평등주의 사회를 구현하고자 했다(홀, 2005: 290). 공적 공간과
사적공간의 구분이 사라진 집단적 공동생활이 구상되었다. 하지만
이러한 계획의 비전은 허망한 신기루에 불과한 것이었다. 브라질이
라는 나라만큼이나 오늘날의 브라질리아는 빈부의 격차와 함께 계층
간 분리가 매우 심각한 도시가 되었다. 브라질리아 외곽에는 브라질
의 슬럼인 파벨라(favela)가 산재되어 있다. 주민들은 대부분 브라질
리아 건설을 위해 유입된 사람들과 그 자손들이다. 브라질리아 계획
가들은 '빛나는 도시'를 꿈꾸었지만 현실의 브라질리아는 '현대도시'
의 잘못된 버전이 되었다. 파벨라 거주자들은 오늘도 브라질리아로
통근하며 브라질리아 시민들에게 편의 서비스를 제공한다. 보행자를
배려하지 않는 브라질리아의 교통체계는 악명이 높다. 8차선 중심가
로에서 고속으로 질주하는 자동차 사이를 건너는 보행자들은 매일
죽을 고비를 넘긴다.

    브라질리아는 1987년 유네스코의 세계문화유산으로 등재되었지
만 전체 국민이 아닌 중산층 이상 계급만을 위한 쇼윈도우 도시라는
오명을 벗기 힘들다. 코스타는 결국 스승의 논쟁적인 평가까지도 게

그림 7-25 브라질리아 경관

그림 7-26 브라질리아 주변 파벨라

승했다고 볼 수 있다.

　마지막으로 파리 인근의 신도시 라데팡스(La Défense)를 언급하면서 이 장을 마치고자 한다. 파리는 세계 도시이다. 따라서 오피스에 대한 수요가 대단히 많다. 하지만 파리 사람들은 오스만이 만든 예술품 파리를 훼손시키고 싶어 하지 않는다. 르 꼬르뷔제의 제안이 외면당했던 것도 그러한 이유 때문이다. 딱 한번 외도를 했는데 그것이 210m 높이의 59층 건물 몽빠르나스 타워(Tour Montparnasse)이다. 파리 사람들은 몽빠르나스 타워가 건립된 후 곧 후회를 했다. 파

그림 7-27 개선문 위에서 바라본 라데팡스　　**그림 7-28** 라데팡스

리에는 에펠탑이라는 랜드마크 하나로 충분하다는 사실을 다시금 절
감하게 되었다. 실상 에펠탑조차도 처음에는 격렬한 반대를 뚫고 건
립된 것이었다. 하늘에 태양이 둘일 수 없듯이, 몽빠르나스 타워로
인해 에펠탑이 묻히는 것도 못내 못마땅한 부분이었다.

　파리 당국은 도심에 더 이상 새로운 건축은 없다고 선언했다.
그렇다면 파리의 오피스 수요는 어떻게 감당할 것인가? 파리의 비즈
니스 경쟁력은? 프랑스인들은 르 꼬르뷔제의 브와쟁 계획 대신 신도
시 건설을 선택했다. 라 데팡스는 파리의 오피스 수요를 수용하기
위해 파리 시계(市界) 바로 밖에 건설된 신도시이다. 계획의 기조는
고층건물과 충분한 오픈스페이스이다. 흥미로운 것은 지상에서 모든
차를 없애고 모든 주차를 지하화했다는 것이다. 라 데팡스의 필로티
구조는 르 꼬르뷔제가 '빛나는 도시'에서 제시했던 내용이다. 파리와
하이웨이로 연결된 라데팡스의 전경은 르 꼬르뷔제가 묘사했던 자동
차 중심의 반(反) 휴먼스케일적 '현대도시'의 모습과 매우 흡사하다
(그림 7-13). 라데팡스를 르 꼬르뷔제에게 바치는 프랑스 계획가들의
오마주(hommage)로 보는 것은 필자만의 착시일까?

4. 평가: 꼬르뷔제의 유령

르 꼬르뷔제는 도시계획에 지대한 영향을 남겼다. Hall(1988: 204)은 그 영향이 "좋게 말해 논란거리였고, 나쁘게 말해 재앙"이었다고 평가한다. 르 꼬르뷔제는 도시계획에 합리적 사고의 단초를 제공했다. 문제는 그 합리성이 목적만을 생각하는 도구적 합리성에 치우쳤다는 점이다. 고정된 목표를 향해 치달으면서 다양한 의견과 가치에 대한 고려가 부족했다. 일례로 도시의 쾌적성 확보를 위해 추구한 엄격한 기능분리가 죽어버린 가로, 걸어 다닐 수 없는 도시를 초래했다. 현대 도시가 갖는 획일적 경관의 많은 부분은 르 꼬르뷔제의 책임이라고 해도 과언이 아니다.

르 꼬르뷔제는 강렬한 사회의식과 유토피아의 꿈을 갖고 있었다. 하지만 그의 사상은 지나치게 독선적인 엘리트주의로 치우쳤던 것이 사실이다. 모든 분석과 결정은 계획가가 한다. 그는 도시 거주자인 시민들은 천재인 계획가가 만들어 놓은 도시 속에서 그저 감사하며 살면 되는 거라고 생각했다. 그가 전체주의에 경도된 것은 자연스러운 결과였다. 르 꼬르뷔제는 하워드와는 완전히 다른 인물이었다. 현실 사회가 그의 주장을 받아들이지 않자, 그는 자신의 생각을 현실에 맞추려 하기보다 자신의 비전을 실현시켜줄 절대 권력을 찾아 헤맸다. 이 지점에서 그의 사회의식과 이상도시가 무엇이었는지에 대한 회의를 갖게 된다.

제이콥스가 대니얼 버넘과 동류로 취급한 것에서 알 수 있듯이 르 꼬르뷔제의 계획은 도시미화운동의 그것과 매우 많은 공통점을 갖고 있다. 많은 공통점 중 가장 두드러진 것은 물리적 도시계획과 마스터플랜적 접근이라 할 것이다. 그는 도시계획가라기보다 천상

건축가였다. 그는 먼저 그림을 상세하게 그려놓고 이를 실현하려고 애썼다. 그는 도시계획은 결과보다 과정을 통해 점진적으로 상황을 개선시켜 나가는 행위라는 것을 이해하지 못했다. 현실의 르 꼬르뷔제는 시민사회의 다양한 구성원과 부딪히게 되었고 자신의 생각이 거듭 좌초되면서 절대권력을 희구하는 과정을 반복했다. 문제는 이 과정에서 도시 안에서 사는 사람들에 대한 애정도 점차 희미해져갔다는 점이다. 그에게 인간은, 처음에는 중시되었겠지만, 점점 레고블록 속의 레고인형이나 광로의 가로수와 같은 일개 계획요소로 취급되었던 것은 아닌지 의심스럽다.

르 꼬르뷔제는 극단적인 환경결정론자였다. 그는 도시환경의 개선을 통해 사람들을, 더 나아가서 사회를 개조할 수 있다고 생각했다. 그런데 누누이 언급한 것처럼 환경과 사회의 관계는 그렇게 단선적이고 간단한 것이 아니다. 그가 이를 몰랐다면 무지한 것이고, 무시했다면 이 또한 그가 극단적인 엘리트주의자이며 유토피안이었기 때문이라고 말할 수 있다.

그럼에도 불구하고 우리가 르 꼬르뷔제를 일방적으로 매도할 수 없는 것은 오늘날까지도 우리가 그의 계획접근과 계획요소를 답습하고 있으며, 계획에 있어 획기적인 단절과 진보를 이룩하지 못했다는 점 때문이다. 평소에는 비판을 하다가도 주택문제가 심화되면 번번이 찾게 되는 신도시개발 접근은 전형적인 르 꼬르뷔제의 유산이다. 그러한 면에서 분당은 르 꼬르뷔제가 남긴 20세기 마지막 작품이라 할 만한다. 어느 나라에 와 있는지 알 수 없는 무국적 경관 역시 르 꼬르뷔제와 근대주의자들이 남긴 유산이다. 보행자를 짓누르는 기념비적 거대 건물 역시 르 꼬르뷔세의 유산이다. 지상을 치

없는 공간으로 만들고 지하에 접근로와 주차시설을 만드는 것이나 광역교통체계의 중핵으로 떠오르는 입체교차시스템의 도입 역시 르 꼬르뷔제가 제안한 아이디어이다. 주상복합을 통해 토지이용을 효율화하고 도시공동화를 극복하려한 구상 역시 일찍이 르 꼬르뷔제에 의해 시도된 것이었다. 오늘날 사회통합의 수단으로 중시되는 소셜믹스(social mix) 역시 르 꼬르뷔제가 빛나는 도시에서 제안했던 구상이다. 꼬르뷔제의 유령이 아직도 사라지지 않고 우리 주위를 배회하고 있다는 증거들이다.

Chapter 08

근대 도시계획의 종언

오늘날 근대 도시계획의 영향력은 여전히 크다. 특히 기법 측면에서 많은 도시계획가들이 여전히 근대 도시계획에 의존하고 있음을 부인할 수 없다. 하지만 현실에서 '근대 도시계획'이라는 표현은 주로 부정적인 의미로 사용되고 있는 것이 사실이다. 따라서 우리는 사상으로서의 '근대 도시계획의 종언'을 말할 수 있다. 그러나 근대 도시계획이 하루아침에 끝난 것은 아니고 여러 가지 문제적 사건들이 노정되는 과정에서 결함이 많은 사상이라는 인식이 굳어졌다고 보아야 할 것이다.

그렇다면 근대 도시계획에 결정타를 날린 사건은 무엇일까? 여러 가지가 있겠지만 필자는 세 개의 큰 사건을 지적하고 싶다. 첫째는 1961년 제인 제이콥스(Jane Jacobs)가 쓴 『미국 대도시의 죽음과 삶(*Death and Life of Great American Cities*)』의 발간이다. 둘째는 1960년대 마지막 근대 도시계획가라 할 수 있는 로버트 모제스(Robert Moses)의 몰락을 들 수 있다. 셋째는 1954년 미국 세인트루이스 시에 건설된 공공 아파트인 프룻 아이고(Pruitt-Igoe) 프로젝트의 실패

그림 8-1 프룻 아이고의 폭파

와 1972년부터 시작된 단지의 폭파이다.[1]

이 책은 인물에 대한 소개와 평가를 위주로 하고 있으므로, 제이콥스와 모제스에 대한 서술로 본장을 구성하고자 한다. 제이콥스에 대해서는 근대 도시계획의 논리적 문제점을 신랄하게 비판하고 새로운 도시계획의 비전을 연 인물이라는 점을, 모제스에 대해서는 근대 도시계획의 원칙에 충실했던 인물의 퇴장을 통해 근대 도시계획의 퇴조를 설명하고자 한다.

1. 제인 제이콥스의 탈근대적 도시 이론

제인 제이콥스(Jane Jacobs: 1916~2006)는 근대 도시계획의 이념과 실제를 맹렬히 공격함으로써 근대 도시계획의 논리적 근거를 붕괴시킨 인물로 평가할 수 있다. 1961년에 발간된 그녀의 『미국 대도시의 죽음과 삶(이후 '미국 대도시')』으로부터 사실상 새로운 도시계획, 점진적 도시설계의 조류가 시작되었다고 볼 수 있다.

제이콥스는 매우 특이한 이력을 가진 인물이다. 그녀는 도시계획 연구문헌에서 매우 자주 언급되는 인물이지만, 도시계획가는 아니다. 건축가나 도시계획가로 훈련을 받은 적이 없으며, 도시계획에

---

1) 프룻 아이고의 철거에 대해서는 박진빈(2016: 165–176)을 참고하시오.

대해서는 오히려 부정적인 입장을 갖고 있었다. 여러 권의 저서를 발표했지만 학자는 아니며, 저널리스트 및 비평가로 평가할 수 있다. 이러한 측면에서 그녀의 책은 종종 경험적 증거가 없는 수필에 불과하다는 비판을 받기도 한다(Talen, 2005: 102). 그녀와 유사한 관점을 갖는 학자로는 크리스토퍼 알렉산더(Christopher Alexander)가 있다. 사회운동가로서 제이콥스는 뉴욕의 건설지휘자로 평가받던 로버트 모제스에 맞서 그리니치 빌리지(Greenwich Village) 등 뉴욕 구시가지의 파괴적 재개발 사업을 막아냈다. 멈포드 역시 모제스의 관료주의적 도시계획에 대해 매우 비판적이었지만, 제이콥스와는 도시계획 전반에 대한 관점에서 사사건건 부딪혔다.

1) 『미국 대도시의 죽음과 삶』 집필 이전의 생애

결혼 전 성(姓)이 Butzner인 제이콥스는 뉴욕에서 가까운 펜실베니아 주 스크랜튼(Scranton)에서 태어났다. 그녀의 학창시절은 글쓰기는 좋아했지만 학업성적은 그다지 좋지 않았던 것으로 기록되어 있다. 성인이 되어 뉴욕으로 이주한 그녀의 첫 번째 직업은 무역회사의 비서였고, 이후 프리랜서 작가로 활동했다. 그녀는 *Sunday Herald Tribune, Cue, Vogue* 등에 자신의 기사를 게재했다. 이후 *Iron Age*라는 잡지에서 일했고, 국무성에서 발행하는 *Amerika*의 기자가 되었다. 이후 1944년 컬럼비아 대학 출신의

그림 0-2 로버트 모제스와 맞서 싸우는 제인 제이콥스

건축가 Robert Hyde Jacobs Jr.를 만나 결혼하였고, 그리니치 빌리지에 정착하게 된다. 당시는 교외화가 빠르게 이루어지던 시기였지만, 교외를 혐오했던 제이콥스 부부는 그리니치에서의 생활을 계속해 나간다. 당시 그리니치 빌리지는 주거와 소규모 점포가 공존하는 전통적인 미국 마을의 모습을 그대로 유지하고 있었으며, 계층적으로는 자영업자와 부두노동자, 젊은 전문직 종사자가 혼주(混住)하는 구조를 갖고 있었다(Thadani, 2010: 359).

그녀는 1952년 건축잡지인 *Architectural Forum*의 부편집장으로 일하면서 도시와 도시계획에 대한 안목을 쌓게 된다. 그녀는 *Architectural Forum*에 대형 개발사업에 의한 공동체의 훼손을 비판적으로 검토한 기사를 게재했다. 1956년 제이콥스는 하버드 대학에서 뉴욕의 이스트 할렘(East Harlem)에 대한 특강을 진행했다. 그녀는 강연에서 도시의 무질서한 혼란이 가치가 있는 것이고, 존중받아야 한다고 주장했다. 많은 참가자들이 그녀의 강연에 감명을 받았지만, 기성 도시계획가, 개발업자, 토지 소유주들에게는 위협적인 발언으로 이해되었다(Flint, 2009).

제이콥스의 하버드 강연에 감명을 받은 윌리엄 화이트(William Whyte)는 강연내용을 *Fortune*지에 기고할 것을 권유했다. 원고는 "Downtown Is for People"이라는 제목으로 *Fortune*지에 게재되었고, 제이콥스는 여기서 처음으로 모제스에 대한 공개적 비판을 피력했다. 그녀는 *Fortune* 기사를 통해 록펠러 재단의 관심을 얻게 되었고, 재단은 1958년 그녀에게 미국의 도시계획과 도시생활에 대한 연구를 진행하도록 연구비를 지원했다. 재단에서는 그녀에게 도시설계를 통해 더 나은 도시생활을 설계할 수 있는 방법에 대해 연구해 달라고 주문했다. 3년간을 뉴욕의 사회과학대학인 New School에 머무르면서 연구를 진행했고, 그 성과물로서 1961년 책을 펴내게 되는데, 그 책이 바로 '미국 대도시'이다.

2) 『미국 대도시의 죽음과 삶』

(1) 내용

제이콥스의 도시철학은 '미국 대도시'에 잘 피력되어 있으므로, 여기서는 '미국 대도시'의 내용에 대해 알아보겠다(제이콥스, 2010).

제이콥스는 "이 책이 오늘날의(당시의) 도시계획에 대한 공격"이라는 도발적인 문장으로 책을 시작한다. 그녀는 전문가로 일컬어지는 도시계획가들이 '슬럼'이라고 부르면서 재개발을 추진하는 지역이 실은 친절하고, 활기차고, 안전하며, 건강한 지역사회라고 주장한다. 그녀는 도시계획가, 관료, 은행가들이 신봉하는 도시에 대한 이러한 고정관념이 '정통 도시이론'으로 불리지만 실은 "정교하게 학습된 미신"일 뿐이라고 비판한다.

THE DEATH AND LIFE OF GREAT AMERICAN CITIES

JANE JACOBS

그림 8-3 『미국 대도시의 죽음과 삶』 표지

제이콥스는 근대 도시계획가들이 갖는 인식론적 기조의 허구성을 공격한다(Talen, 2005: 41). 그녀가 보기에 도시계획가들은 실제 도시생활과 문제에는 관심이 없다. 그들의 머릿속에는 오로지 유토피아적 관념만이 가득 차 있을 뿐이다(Taylor, 1998: 46). 도시는 거대한 시행착오의 실험실인데 계획가들은 그러한 성공과 실패로부터 배우려 하지 않는다. 도시계획가들은 도시의 진정한 작동원리에 대해 관심이 없다. 그녀는 현대 도시계획이 통계학과 수학적 분석체계를 적극적으로 수용해서 '유사과학'이 되고자 하지만 그 무능력은 여전하다고 비판한다(Fischler, 2000: 146). 제이콥스는 도시계획가들이 도시를 계산하고 측정할 수 있는 추상체로 인식함으로써, 도시가 갖는 '무질서한 복잡성'의 문제를 개별적인 요소로 분리해서 통제할 수 있다는 잘못된 믿음을 갖게 되었다고 지적한다. 하지만 그녀가 보기에 도시는 너무도 크고 복잡해서 누구도 속속들이 이해할 수 없는 실체이다. 따라서 그녀는 도시를 유기적이고 통합적으로 이해해야 한다고 주장했다.

제이콥스는 근대 도시계획의 단조로움과 무모함을 비판하고 오래된 구시가지가 갖는 다양성과 복잡성을 옹호했다. 그녀는 도시에서의 다양성과 복잡성이 일견 무질서를 초래하는 듯하지만 실제로는 고유의 내재적 질서를 창출한다고 주장했다. 그녀는 이를 '조직된 복잡성(organized complexity)'이라고 불렀다. 그녀는 도시의 본질인 이러한 역동성을 계획가가 미리 예측하거나 창조하는 것은 불가능하다고 주장한다(조재성, 2020: 197). 따라서 제이콥스는 계획가에 의해 만들어진 질서 잡힌 도시구조와 그 수단으로서 엄격한 용도지역제의 적용에 대해 매우 부정적인 평가를 내린다(Taylor, 1998: 48).

제이콥스는 더 나아가서 용도의 분리가 아닌 용도의 혼합이 좋은 도시의 조건이라고 주장했다. 용도의 혼합은 24시간 활력 있게 돌아가는 도시를 만들며 도시에 다양성과 역동성을 부여한다. 제이콥스는 도시계획가가 용도를 분리하고 '질서'를 부여하는 것이 실상은 도시를 죽이는 일이라고 비판했다. 그녀는 해법으로서 용도지역제의 폐지와 도시의 관리를 자유로운 시장 메커니즘에 맡길 것을 제안한다(Taylor, 1998: 153). 그녀는 이러한 도시관리 기조가 고밀의 용도복합과 근린의 회복을 이룰 것이라고 주장했다.

제이콥스는 책의 내용을 개관하는 서론에서 근대 도시계획의 토대를 이룬 도시계획가와 그 성과들을 싸잡아 비판한다. 하워드의 전원도시, 르 꼬르뷔제의 빛나는 도시, 버넘의 도시미화운동이 그 대상이다. 제이콥스는 이들의 도시계획 원리가 사실상 대동소이한 것으로 현대 도시계획은 '빛나는 전원도시미화(Radiant Garden City Beautiful)'의 원리에 의해 작동되고 있다고 풍자한다.

제이콥스는 우선 전원도시의 반(反)도시적 기조를 비판한다. 하워드의 처방은 도시를 구하는 것이 아니라 도시를 없애는 것이라고 주장한다. 제이콥스는 하워드가 위생에만 관심을 갖는 대단히 정태적인 계획관을 갖고 있다고 비판한다. 그녀는 하워드의 유토피아적 청사진 계획 속에서 도시의 역동성과 문화는 고려되지 않았다고 주장한다.

제이콥스는 미국에 수입된 하워드의 전원도시론이 분산주의자들(Decentrists)의 도시계획 교의를 구성했다고 주장한다. 분산주의자들에는 멈포드, 스타인, 라이트, 캐서린 바우어(Catherine Bauer) 등이 포함된다. 제이콥스는 분산주의자들이 추구하는 도시계획의 원칙을 총체적으로 비판했다. 제이콥스는 멈포드의 저술을 예로 들면서, 분산주의자들이 대도시의 부정적인 측면에만 주목한 결과 교외로의 도피를 선택했다고 비판한다. 분산주의자들이 주로 사용하는 자족성, 기능분리, 보차분리, 슈퍼블록, 가로의 부정, 가로와 주택의 분리 등의 계획원칙이 도시의 유기적 역동성을 파괴하는데 일조했다고 평가한다. 제이콥스는 분산주의자들이 가로가 아닌 블록에 집중함으로써 도시생활의 중심인 가로를 황폐화시켰다고 주장한다.

제이콥스는 외관상의 차이에도 불구하고 빛나는 도시는 전원도시의 직계후손일 뿐이라고 주장한다. 그녀는 자신의 작품이 현실적으로 가능한 전원도시이며, 수직적 전원도시라고 자평한 르 꼬르뷔제의 언급을 인용하면서, 빛나는 도시가 밀도를 높인 전원도시일 뿐이라고 평가한다. 그녀는 르 꼬르뷔제가 전원도시론자들과 마찬가지로 보행자들을 가로에서 공원으로 몰아넣었다고 분개한다. 제이콥스는 르 꼬르뷔제의 도시가 질서정연하고 명쾌하며 조화롭다는 점에서 놀라운 '기계 장난감'이라고 풍자한다. 그녀는 전원도시론자들이 르 꼬르뷔제와 대립하는 듯하지만 오늘날의 도시계획가들이 이 두 구상을 통합해서 활용하고 있다는 점에서 두 이념 간의 대립(차이점)은 더 이상 존재하지 않는다고 선언한다.

제이콥스는 도시미화운동의 목표가 '기념비적 도시' 만들기라고 단정한다. 그녀는 도시미화에 의해 도시가 활성화되기는커녕 황폐해졌다고 비판한다. 도시미화에 의해 조성된 중심부의 건축양식은 시간이 흐르면서 유행에 뒤떨어지게 되고, 주변부는 쇠락하고 있다고 비판한다. 제이콥스는 도시미화의 기능분리와 용도순화의 개념이 전원도시론의 가르침에 딱 들어맞는 것이라고 평가한다.

제이콥스는 책의 본론에서 가로(보도), 공원, 근린의 중요성을 강조한다. 가로는 보행자와 가로변의 상점들에 의해 도시의 활력과 다양성을 표출한다. 또한 가로는 오고가는 행인들의 자연감시를 통해 범죄를 예방하고 공동체 의식을 배양하는 기능을 수행한다. 그녀는 넘치는 공동체 의식과 도시활력의 원천으로서 도시근린의 중요성을 언급하며 이의 실현을 위해 활기차고 흥미로운 가로 조성, 연속적인 가로 네트워크의 조성, 용도의 복합화, 지역의 정체성 확보가 필요하다고 주장했다. 제이콥스는 도시를 이루는 가장 중요한 요소로 다양성을 지적했는데(Talen, 2005: 37), 이의 실현을 위해 용도혼합, 짧은 블록의 연장(延長), 다양한 연식을 지닌 건축물의 공존, 고밀의 도시구조가 제공되어야 한다고 주장했다.

제이콥스는 근린주구 개념에 대해서도 매우 부정적이었다(Schubert, 2000: 132). 그녀는 근린주구 개념에서 사회통제의 징후가 느껴진다고 비판했다(Talen, 2005: 198). 그녀는 더 나아가 근린의 자족성에 대해서도 부정적 입장을 피력했다(Talen, 2005: 98). 그녀의 시각에서 하나의 마을(neighborhood)은 전체 도시의 일부로 다른 마을과 연계된 장소이다. 따라서 개별 마을만을 떼어놓고 자족성을 언급하는 것은 넌센스라고 주장했다. 그녀에게 있어 마을에서 중요한 것은 자족성이 아니라 비공식적 네트워크와 사회적 관계로 가로는 이러한 도시의 삶을 실현하는 도구로 이해되었다.

주목해야 할 부분은 많은 사람들이 오해하는 것과 달리 그녀의 주장은 '좋은 도시 만들기'의 원리를 제시한 것이 아니라, '좋은 도시'의 원리를 지적한 것이라는 점이다. 제이콥스는 도시계획에 의해 좋은 도시가 만들어질 것이라 기대하지 않았다. 그녀는 좋은 도시가 그 구성원들과 구성요소들 간의 상호작용, 무의식적·의식적 협력에 의해 스스로 그리고 점진적으로 만들어지는 것이라고 생각했다. 제이콥스에게 도시는 수리는 가능하지만 변화시킬 수는 없는 대상으로 이해되었다(조재성, 2020: 200). 따라서 '미국 대도시'는 도시계획의 실패, 도시계획 무용론을 다룬 가장 대표적인 저술로 평가받는다

(Talen, 2005). 결국 그녀의 처방은 도시 내부의 마을들을 계획가가 손대기 이전의 모습 그대로 유지하자는 주장으로 모아진다(Hall, 1988: 235). 계획을 혐오했던 제이콥스는 오늘날 자신의 주장이 현대 도시계획의 원리로 칭송받고 사용되는 것에 대해 많이 놀랄 것이다.

(2) 평가

'미국 대도시'는 그간 근대 도시계획에 의문을 품어왔던 많은 이들에게 복음과 같은 소식이었다. 특히 당시 세인트루이스 시 프룻아이고 공동주택에서의 처절한 실패와 슬럼 청소(slum clearance)로 인한 부작용의 증가, 교외화와 맞물린 도시쇠퇴는 제이콥스가 제기하는 주장에 대한 현실 속의 증거로 이해되었다. 기존의 근대적 교리에 의문을 제기하고 새로운 방향성을 모색하는 청년 건축가와 도시계획가들이 늘어났고, 새로운 조류로서 포스트모더니즘,[2] 점진주의(incrementalism), 도시설계에 대한 지지가 확산되었다. 그 결과, 정도의 차이는 있지만, 오늘날 존재하는 거의 모든 도시 및 설계관련 운동들은 제이콥스로부터 영향을 받은 것이라는 평가가 제기된다(Thadani, 2010: 360). 그녀의 아이디어는 특히 현대 도시설계, 뉴어바니즘(New Urbanism), 도시재생에 많은 영감을 준 것으로 평가된다. 특히 뉴욕의 건설 지휘자인 로버트 모제스에 맞서 웨스트 빌리지를 지켜낸 제이콥스의 실천은 그녀를 더욱 돋보이게 하는 부분이었다.

'미국 대도시'의 의의는 도시계획을 전문가의 손에서 시민의 품으로 돌려주었다는 점에서 찾아져야 할 것이다. 제이콥스는 어떤 이

---

2) 다수의 학자들이 제이콥스의 '미국 대도시'를 포스트모던 도시이론의 출발점으로 평가한다(Taylor, 1998; Freestone, 2000; Talen, 2005).

론이나 선험적 이데올로기가 아니라, 철저하게 관찰에 의존해서 '미국 대도시'를 집필했다. 따라서 그녀의 책은 그 누구의 연구보다도 현실적이고 생동감이 있다. 제이콥스는 도시가 어떤 저명한 설계자나 그룹에 의해 작성된 마스터 플랜이 아니라 여러 사람이 참여하는 과정에 의해 점진적으로 만들어져야 한다고 주장해서, 현대 도시계획의 원리를 명료하게 제시했다고 볼 수 있다(Talen, 2005: 44). 이러한 시각에서 Thadani(2010: 359)는 제이콥스가 '지역사회 기반의 계획'의 등장을 이끌었다고 평가한다. '미국 대도시'의 또 다른 의의는 탁월한 통찰력으로 전문가들이 미처 직시하지 못했던 문제를 파악하고, 기저의 원리를 도출했다는 점이다. 이는 제이콥스가 비(非)전문가로서 고정관념에 갇히지 않고 자유롭게 사고할 수 있었기에, 그리고 뉴욕 시민으로서 도시를 애정을 갖고 바라보았기에 가능한 일이라고 생각된다.

제이콥스에 대한 첫 번째 비판은 그녀의 주장이 건설적이기보다 부정적이고 냉소적라는 점이다(조재성, 2020: 200). 자세히 뜯어보면 '미국 대도시'의 상당 부분은 록펠러 재단의 주문과 달리 새로운 도시설계의 원리를 제시하기보다 근대 도시계획과 그것이 만든 현대 도시를 비판하는 데 바쳐져 있다. 그녀의 문체와 풍자는 재기가 넘친다고도 볼 수 있지만 동시에 냉소적이라는 인상을 지우기 어렵다. 실제로 그녀의 글은 과도한 표현으로 인해 불필요한 반감을 사곤 한다. 일례로 그녀는 모제스의 자동차에 대한 집착을 '정신적 발달장애'라고 혹평한 바 있다(제이콥스, 2010: 486).

그녀의 큰 문제는 사상(事象)을 자기 식대로 단순화해서 타인의 주장과 견해를 마음대로 재단한다는 점이다. 그녀의 인물은 종종

"그래 나는 비전문가야. 그러니까 무슨 말이든지 할 수 있어"라는 식으로 읽힌다. 그녀의 언술은 종종 전문가를 뛰어넘는 아마추어로서의 빛나는 통찰력을 보여주기도 하지만, 근거 없이 써대는 극단적 주장으로 읽히기도 한다. 분산주의자들에 대한 그녀의 부정적 평가는 그 정점을 이룬다. 멈포드와의 대립은 상당부분 그녀의 이러한 독선적인 태도에서 기인하는 측면이 크다. 그녀는 근대 도시계획가들이 주민의 관심과 의견에 무관심하고 일방적이라고 주장했지만, 그녀 역시도 지나치게 극단적이고 일방적이어서 다른 의견이나 관점의 수용에 소극적이었던 것이 사실이다.

　제이콥스에 대한 또 다른 비판은 그녀의 주장이 누구를 위한 주장이고 비판이었는가 하는 부분에서 찾아진다. 제이콥스의 주장에 공명한 이들은 주로 중산층 이상의 사람들이었다. 제이콥스의 주장은 그들의 사회적·경제적 관심과 부합하는 주장이었다. 그들은 고물상에서 '앤틱(antique)'을 발견하듯 제이콥스의 견해에 환호했다. 그 결과 제이콥스의 처방은 도시의 여피화(yuppification)에 기여한 것으로 평가된다(Hall, 1988: 235). 그녀가 다양성을 강조하며 지켜낸 뉴욕의 구도시 지역들은 오늘날 다양성을 잃고 세계에서 가장 값비싼 부동산이 되었다. 일부에서는 젠트리피케이션을 통해 서민들이 밀려나고 상류층을 위한 지역으로 변모했다는 점에서 제이콥스가 부동산시장의 메커니즘을 잘못 이해했다는 비판을 제기하기도 한다.3) (Ouroussoff, 2006). 제이콥스는 계획을 대신한 시장 메커니즘에 의해 도시의 다양성과 역동성이 보존될 것이라고 주장했지만, 시장은 그

---

3) 하지만 홀(2005: 321)은 이러한 젠트리피케이션 현상은 제이콥스의 잘못이 아니라 시대적 조류일 뿐이라고 그녀를 옹호한다.

녀의 예상과 완전히 다른 결과를 산출했다. 제이콥스의 아이디어는 1960년대 또는 소도시에는 맞는 제안이었을지 몰라도 오늘날의 대도시에는 부적합한 주장으로 평가되기도 한다(Ouroussoff, 2006). 따라서 제이콥스의 주장은 '낭만적이고 복고적인 소도시주의(romantic and regressive small-townism)'로 평가할 수 있다.

그림 8-4 멈포드의 *The Culture of Cities* 속 서민 거주지

* '조직된 복잡성'을 주장한 제이콥스와 달리 멈포드는 이러한 광경을 '프롤레타리아의 참상'으로 묘사했다.

제이콥스에 대한 가장 신랄한 비판자는 멈포드였다. 멈포드는 제이콥스의 계획에 대한 부정적 관점을 집중적으로 공격했다. 제이콥스는 오래된 주거지에서 다양성과 매력을 찾았지만, 멈포드는 제이콥스가 슬럼의 추함, 지저분함, 혼란에 별다른 문제의식이 없는 모양이라고 비판했다(Mumford, 1968: 197). 멈포드는 제이콥스가 도시환경의 쇠퇴, 교통문제, 기반시설의 문제 등 도시문제를 선택적으로 무시한다고 비판했다(Talen, 2005: 193-194). 멈포드는 제이콥스가 추구한 계획에 대한 반대가 그녀가 원하는 도시의 '조직된 복잡성'을 오히려 손상시킨다고 비판했다. 멈포드는 제이콥스의 시도를 '방향성 없는 역동성'이라고 비판하면서, 그녀의 도시가 혼란, 긴장, 폭력, 범죄의 증가와 안정의 훼손으로 이어질 것이라고 주장했다(Mumford, 1968: 113). 멈포드의 이러한 비판은 오늘날 포스트모더니스트들이 주장하는 '일상적 도시성(daily urbanism)'에 대한 비판과 일맥상통하는 견해로 볼 수 있다(Kelbaugh, 2002).

멈포드 등의 분산주의자들은 계획을 통해 더 나은 도시환경을 조성해야 한다고 믿었던 반면, 제이콥스는 모든 유형의 계획에 대해 부정적이었다. 심지어 하워드처럼 온건하고 합리적인 접근에 대해서까지도 일방적이고 가부장적인 권위주의라고 매도하면서, 계획이 사람들의 자유로운 선택을 제한한다고 주장하는 데 대해 멈포드는 격분했고, 많은 사안에 있어서 제이콥스와 대립하게 된다. 제이콥스는 "자신의 계획이 없거나 순종적인 사람에게는 매우 좋은 도시"일 것이라고 하워드의 도시계획적 성과를 폄하한 바 있다(Talen, 2005: 187). 사실 제이콥스는 모든 종류의 중앙집중적 계획, 더 나아가서 정부에 대해 비판적이었다(Thadani, 2010: 360). 그녀는 정부는 문제해결의 주체가 아니라 그 자체로 문제라는 시장만능적 사고를 갖고 있었다. 제이콥스의 계획과 정부에 대한 이러한 부정적 인식은 그녀가 고전적 자유주의(Libertarianism)의 신봉자였기 때문인데, 그녀의 이러한 관점은 이후의 저술인 『도시의 경제(The Economy of Cities)』 등에 잘 피력되어 있으며, 1980년대 이후 '뉴 라이트(New Right) 계획'의 근거로 활용된다(Thornley, 1993).

제이콥스의 치명적 오해는 계획가의 역할을 과대평가했다는 점이다. 그녀는 계획가를 '새로운 귀족'이라고 부르며 그들이 도시를 망친다고 주장했지만, 계획가에게는 실상 그러한 권한과 권력이 없다. 현대 관료제에서 계획가는 잘해야 도구적 테크노크라트에 불과하기 때문이다. 제이콥스적 시각에서 도시를 망친 힘은 오히려 그녀가 해결책이라고 생각했던 '시장의 힘'이라고 보는 것이 타당하다. 현실적으로 계획은 시장의 힘을 사후적으로 합리화하는 도구에 불과하기 때문이다(김흥순, 2021).

3) 사회운동가로서의 제이콥스: 모제스와 씨름하기

제이콥스의 평전을 쓴 Flint(2009)는 책의 제목을 『모제스와 씨름하기(*Wrestling with Moses*)』라고 붙였다. 그만큼 모제스와의 투쟁은 제이콥스 인생에 있어서 결정적인 사건으로 평가할 수 있다. 책에 붙여진 부제인 "제인 제이콥스는 어떻게 뉴욕의 건설 지휘자에 맞서 미국 도시를 변혁시켰나"는 사회운동가로서 제이콥스의 활동과 책의 내용을 압축적으로 잘 설명하는 문장이다.

제이콥스가 재개발에 반대하는 사회운동가로 나서게 된 데에는 그녀의 도시와 뉴욕에 대한 관심 외에 그녀가 살던 그리니치

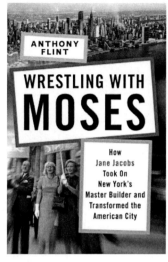

그림 8-5 제이콥스 평전
: 『모제스와 씨름하기』

마을이 재개발의 위협에 놓이게 된 개인적 측면이 크다. 당시 뉴욕 구시가지는 로버트 모제스의 주도하에 슬럼 청소의 명목으로 대대적인 철거를 경험하고 있었다. 전통적 마을들은 재개발 사업에 의해 고층건물과 업무지역으로 속속 탈바꿈되고 있었다. 제이콥스는 이러한 환경이 뉴욕의 다양성을 훼손한다고 생각했다.

모제스는 1935년 워싱턴 스퀘어 공원(Washington Square Park)을 관통하는 5번가의 연장을 계획했는데, 이 계획이 실현될 경우 공원은 없어질 운명이었다. 당시 모제스는 주민들의 반대로 일단 계획을 접게 된다. 그러나 그는 1950년대 들어 이 계획을 다시 들고 나왔다. 그는 5번가의 연장이 도시 내 지역들의 교통체계를 개선하고, 계획

중인 로어 맨해튼 고속도로(Lower Manhattan Expressway, LOMEX)로의 접근성을 신장시킬 것이라고 주장했다.

이에 대해 셜리 해이스(Shirley Hayes) 등 지역활동가들은 '워싱턴 스퀘어 공원 구하기 위원회'를 결성했고 고속도로 연장 반대투쟁에 돌입했다. 이후 이 위원회는 여러 단체와의 연합을 통해 공동위원회로 발전한다. 제이콥스는 여기서 언론매체와의 연락을 담당했는데, 뉴욕 타임즈 등의 언론으로부터 동정적인 기사를 이끌어냈다. 이후 위원회는 마가렛 미드(Margaret Mead), 엘레노어 루스벨트(Eleanor Roosevelt), 멈포드,4) 윌리엄 화이트 등 거물들이 참여하면서 활기를 얻게 되었고, 결국 1958년 6월 25일 뉴욕시는 공원으로의 도로연장을 포기하게 된다.

그럼에도 LOMEX 계획은 계속되어서 리틀 이탤리(Little Italy) 등의 지역에서 반대 운동이 지속되었다. 제이콥스는 1960년 LOMEX 중단을 위한 투쟁위원회의 공동위원장을 맡게 된다. 그녀는 1968년까지 투쟁을 계속하는데, 이로 인해 유명세를 떨치게 된다. 그녀는 1968년 청문회에서 방청객들이 연단을 점거하고 속기록을 훼손한 혐의로 체포된다. 그녀는 폭동, 범죄행위 선동, 공무집행 방해 혐의로 기소되었다. 그녀는 체포 직후 토론토로 이주했다. 토론토를 오가면서 진행한 재판과정에서 최종적으로 그녀의 혐의는 무질서 행위로 축소되었다. 모제스의 계획이 지역사회의 반대에 부딪혀 좌절되면서, 모제스 역시 40년에 이르는 뉴욕의 건설 지휘자로서의 역할을

---

4) 사사건건 부딪혔던 멈포드와 제이콥스가 의기투합한 것은 모제스가 추진한 승용차 중심의 교통체계와 도시고속도로 건설에 대한 반대였다. 그들은 뉴욕 도심이 대중교통과 보행자중심 체제로 운영되어야 한다는데 의견을 같이 했다 (Diefendorf, 2000: 177).

접게 된다. 이후 제이콥스는 토론토에서 자신의 사회운동가 및 저술가로서의 활동을 지속해 나간다. 제이콥스와 모제스의 투쟁은 뉴욕의 역사를 다룬 17시간 30분짜리 8부작 다큐멘터리 영화 *New York: A Documentary Film*에서 한 시간 분량으로 기록되어 있다.

2. 거인의 몰락: 뉴욕의 건설 지휘자 로버트 모제스

1) 생애

흔히 '뉴욕의 건설 지휘자(Master Builder of New York)'로 불리는 로버트 모제스(Robert Moses: 1988~1981)는 그의 성향과 성취 덕분에 '뉴욕의 재개발 짜르'(Loukaitou-Siders and Nanerjee, 1998: 22; Garvin, 2013: 133), '뉴욕 환경변화의 독재자'(Rykwert, 2000: 214) 등으로도 불린다. 이러한 호칭은 그에 대한 부정적인 평가를 반영하는 것으로, 대부분은 카로(Robert Caro)가 쓴 모제스 평전인 *The Power Broker*의 영향에 따른 것이다. 모제스의 '악명'은 반대로 그의 숙적인 제이콥스의 명성을 드높이는 계기가 되었다. 모제스는 우리나라에서는 상대적으로 많이 알려져 있지 않지만 미국 도시계획에서는 한 시대의 획을 그은 인물로 평가된다. 좋든 싫든 현대 뉴욕은 모제스의 작품이라고 평가할 수 있다.

그는 여러 측면에 있어서 오스만에 비견되기도 하고, 르 꼬르뷔제에 비견되기도 하는 인물이다. 하지만 그는 미국 도시미화운동의 직계 후예로 보아야 한다.[5] 따라서 그의 퇴장은 근대 도시계획의 종

---

5) 이러한 차원에서 Talen(2005: 31)은 모제스와 버넘의 유사성을 지적한다.

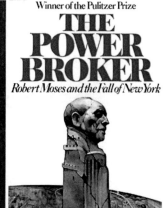

그림 8-6 로버트 모제스   그림 8-7 *The Power Broker* 표지

언을 알리는 매우 상징적인 사건으로 볼 수 있다.

　로버트 모제스는 매우 특이한 경력의 소유자이다. 전문 도시계
획가라기보다 오스만 류(流)의 관료라고 볼 수 있지만, 정식 공무원
은 아니었고 다수 위원회에 참여하여 위원장으로서의 역할을 수행한
인물이었다. 최초의 직위는 롱 아일랜드(Long Island) 주립공원위원회
위원장(1924~1963)이었지만 이후 그 직함은 계속 늘어갔다. 그는 근
50년에 걸쳐 매우 많은 공직에 중복적으로 재임했는데, 한때는 12개
의 직함을 동시에 보유했던 것으로 기록되어 있다(Sarachan, 2013). 그
의 가장 중요한 경력은 뉴욕 주 공원위원회 위원장(1924~1963), 뉴욕
시 공원위원회 위원(1934~1960), 트라이버러 브릿지 및 터널 공사
(Triborough Bridge and Tunnel Authority) 위원장(1934~1968), 뉴욕시 도
시계획위원회 위원(1942~1960), 뉴욕시장 직속 슬럼 철거 위원회 위원
장(1948~1960), 뉴욕시 건설조정관(Construction Coordinator, 1946~1960)

등이다(Garvin, 2013: 133). 특히 제2차 세계대전 이후에는 뉴욕시의 '건설 조정관'으로 임명되어 뉴욕시의 건설사업 전반을 관장했다. 경력에서 볼 수 있듯이 그는 도시계획에 국한되지 않고 뉴욕 대도시권의 건설부문 전반에서 활약했다. 그러나 전술한 직위 중 급여를 받은 보직은 뉴욕시 공원위원회 위원이 전부였다(Garvin, 2013: 133).

그는 특이하게도 선출직 공무원과 입법기관, 대중의 간섭을 받지 않는 다수의 위원회를 조직하고 이를 이끌었다. 그는 건설 프로젝트를 통해 수백만 달러에 달하는 통행료를 거둬들였고 자체적으로 채권을 발행하기도 했다. 모제스의 이러한 노력으로 인해 뉴욕은 미국에서 가장 많은 공기업을 보유하는 도시가 되었다. 이들 공기업의 주된 임무는 기반시설의 구축 및 유지관리이다.

저돌적이고 무모한 대중적 이미지와 달리 모제스는 매우 높은 수준의 교육을 받은 인물이다. 예일대학을 나와서 옥스퍼드 대학에서 석사학위, 컬럼비아 대학에서 박사학위를 받았는데, 그의 전공은 정치학이다. 정치학은 행정학을 포괄하는 분야로 모제스는 행정학 전공자로 보아야 한다. 그는 영국 공공서비스의 전문성과 효율성에 감명을 받고 이에 대하여 박사학위 논문을 작성한 바 있다.

20세기 초 미국에서는 지방행정 및 정치영역에서 시정개혁운동이 활발하게 전개되었는데, 모제스는 그 운동의 적극적인 참여자로 보아야 한다. 모제스는 시정개혁운동의 본보기로 오스만을 꼽았고 오스만에 대한 논문을 쓰기도 했다. 뉴욕주 주지사였던 스미스(Al Smith) 역시 시정개혁운동에 적극 공감한 인물로 모제스는 스미스의 임명으로 1927년부터 1929년까지 뉴욕주 국무장관(Secretary of State)을 역임했다. 모제스는 시정개혁운동 차원에서 뉴욕 주정부의 개편

위원회를 이끌며 18개부서의 187개 직능을 통합하여 새로운 행정 예산 시스템과 4년 임기제 등을 권고하는 보고서를 작성했다(Caro, 1974). 모제스는 여러 공직을 역임하며 기존 공직사회 전반에 만연해 있던 부패와 무능, 연고주의에 대한 강력한 개혁작업을 펼쳤고, 그러한 그에게 대중들은 많은 지지를 보냈다(Caro, 1974).

공직 재임 초기에 모제스가 얻은 긍정적 평가사례는 다음과 같다. 모제스는 토지수용권을 활용해서 롱아일랜드의 부자들이 소유한 땅을 가로지르는 파크웨이(parkway)를 건설했는데, 이는 좌고우면하지 않고 효율성과 공공의식만을 최우선으로 하는 그의 가치관을 보여준 사례로 평가된다(Hall, 1988: 277). 1929년 여름 개장한 존스비치(Johns Beach) 역시 모제스의 성가를 높인 사업이었다(Hall, 1998: 797). 그해 8월에만 32만 5천명의 방문객이 존스비치를 찾은 것으로 보고된다. 언론은 표지판이나 시설물과 같은 사소한 것에 이르기까지 어느 하나 흠잡을 데가 없다고 격찬했다.

주지사나 시장도 아니고 도시계획국장도 아닌 몇몇 위원회의 위원장이 어떻게 그렇게 큰 무소불위의 권력을 휘두를 수 있었을까? 모제스가 뉴욕의 건설 부문 전반에서 강력한 영향력을 행사할 수 있었던 이유는 다음 일곱 가지에서 찾아진다. 첫째, 당시는 시정개혁운동 차원에서 전문가의 목소리가 강하게 반영되던 시기였다. 모제스는 시정개혁운동의 참가자이며, 전문가로 평가받기에 충분한 이력을 소유하고 있었다. 그는 끊임없이 정치로부터 독립된 전문적 행정기구의 설립을 추진했다(Garvin, 2013: 137).

둘째, 모제스는 매우 청렴했고 선공후사(先公後私)의 정신에 충실한 인물이었다. 그는 청렴한 전문가들에 의한 하향식 계획방식의 신봉자였다(Hall, 1988: 230). 모제스는 효율성을 최선의 가치로 두고 초당파적 리더십을 통해 행정을 운영해갔다. 그는 우수한 인재의 보유가 조직의 성패를 가른다고 믿었다. 정실과 외압에 흔들리지 않고 능력 본위로 사람을 썼고 과업의 생산성을 향상시키기 위해 최선을 다했다(Garvin, 2013: 136). 그는 자신의 저서에서 민주주의 체제의 가장 중요한 과업은 "공직에 적합한 사람을 찾고 그들을 적소에 배치하는 것"이라고 썼다(Moses, 1956: 1). 그는 또한 이 책에서 "일류 인재는 최고의 기계는 물론 어떤 기계도 다룰 수 있지만, 3류 인재는 3류 기계밖에 못 다룬다"고 썼다. 비록 그가 추진한 정책의 방향성과 추진방법에 대한 의문은 많았지만, 그가 사익을 추구하지 않았고 자신이 세운 공익적 가치에 충실했다는 사실에 대해서는 이견이 없다. 시재정이 어려울 때는 자신의 사재를 털어 부하 직원들을 챙겼고 이로 인해 다수의 공무원들이 모제스를 중심으로 따랐다(Garvin, 2013: 137). 공무원들은 모제스가 권한을 발휘할 수 있는 조직 결성을 적극 지원했고, 모제스는 그를 따르는 직원들을 적극 발탁했다(Garvin, 2013: 136). 그는 이를 통해 결성된 조직을 군대처럼 운영했다. 모든 사안이 그를 경유하도록 했으며, 그의 결정에 따르도록 시스템을 만들었다(Hall, 1998: 797).

셋째, 모제스는 매우 뛰어난 정치감각을 지닌 인물로 지방, 주, 연방 정부 및 의회 차원의 승인을 얻어내는데 있어 탁월한 능력을 발휘했다(Garvin, 2013: 133). 모제스는 정치가 무엇이며, 어떠한 메커니즘에 의해 작동되는지를 잘 아는 인물이었다(Hall, 1988: 230).[6]

---

6) 모제스는 한 때 자신의 비전을 실현하기 위해서 선출직 공무원이 되는 것이 좋겠다고 생각해서 1934년 공화당의 뉴욕주지사 후보로 입후보했지만 낙선한 경

Caro(1974: 740)는 모제스가 "적법한 모금행위, 추천, 선거운동 등 정치가 필요로 하는 모든 것을 자신의 목적에 맞게 활용"했다고 평가한다. 모제스는 이러한 시스템을 통해 시장과 주지사의 확고한 지원을 이끌어냈다. 정치인들은 언제나 상세한 내용을 알고 있고, 문제에 대한 해답을 가지고 있으며, 비용효율적으로 문제를 해결하는 모제스의 능력에 매료되었다(Hall, 1998: 796). 그는 다양한 이익단체의 지지를 받았는데, 그 이익단체들은 가용토지와 재개발 주택 등을 필요로 하는 병원, 대학, 노동조합, 언론사 등이었다(Hall, 1988: 230). 자연스럽게 뉴욕 대도시권 내에서 모제스에게 우호적인 각종 위원회와 이익단체들이 늘어나게 된다.7)

넷째, 초기의 모제스는 정치적으로 합의된 사안의 추진에 주력했다. 다양한 이해관계자들이 모제스의 지원군이 되었기에 사소한 반대는 어렵지 않게 돌파할 수 있었다. 하지만, 제2차 세계대전 후 모제스의 권력이 비대해지면서 합의되지 않은 사안들을 자신만의 판단으로 추진하는 일이 잦아졌는데, 이로 인해 반대자들이 늘어났고 이것이 그의 몰락으로 이어지는 단초가 되었다.

다섯째, 모제스는 통제받지 않는 사업자금을 조달하는 데 있어 천재적인 재능을 발휘했다. 제이콥스(2010: 186)는 모제스가 공공예산의 통제권을 활용해서 다양한 이해관계자들을 자기 입맛대로 움직였다고 평가한다. 모제스는 자신이 소유한 재정운영권을 적극 활용하여 공원, 도로, 교량, 재개발 등의 각종 건설사업을 추진할 수 있었

력을 갖고 있다.

7) 모제스는 이러한 명성을 기반으로 뉴욕권역을 벗어나 포틀랜드, 피츠버그, 뉴올리언즈 등의 시에 대한 자문역을 수행한 바 있다.

다. 특히 세 개의 별도 지선을 통
해 브롱스, 맨해튼, 퀸즈의 뉴욕
시 내 3개 버러(Borough, 區)를
연결하는 트라이버러 브릿지 공
사(Triborough Bridge Authority)는
모제스가 소유한 강력한 힘의 근
원이었다. 여러 행정구역에 걸쳐

그림 8-8 트라이버러 브릿지

있었던 탓에 버러는 물론, 뉴욕시와 뉴욕주로부터도 자치권을 인정
받았던 이 교량을 통해 모제스는 매년 수천만 달러에 달하는 통행수
입을 거둬들였는데, 모제스는 이 수입을 부채를 갚는 대신 다른 프
로젝트에 투자함으로써 자신의 영향력을 확장시켰다(Carion, 2014).
공원의 경우에도 주정부나 시정부로부터 매년 예산을 배정받아서 사
업을 수행하는 것이 번거롭다고 느꼈던 모제스는 수익자부담 원칙을
도입해서 공원이용자들의 주차장, 샤워장, 라커룸, 기타 편의시설 이
용에 비용을 부과했고 이를 통해 가용재원을 마련했다(Garvin, 2013:
138). 도시재개발사업의 추진에 있어서도 처음에는 주정부의 보증으
로 연방정부로부터 자금을 지원받는 시스템을 활용하다가 1949년
발효된 주택법에서 순사업비의 2/3를 연방정부가 자동적으로 지원하
는 조항이 도입되자 이를 적극 활용했다(Garvin, 2013: 139).

　　여섯째, 모제스가 활약하던 시기는 뉴딜 정책과 제2차 세계대
전, 전후 부흥사업으로 인해 각종 건설공사가 공공 주도로 추진되던
시기였다. 원래 미국에서는 공공부문이 매우 취약하고 민간에서 모
든 사업을 담당하는 것이 일반적이었는데, 모제스가 활약하던 시기
공공부문은 절대적인 권한과 재성을 삿고 삭공 사업을 추긴히고 있

었다(Thadani, 2010).

일곱째, 모제스는 그가 구축한 효율적인 관료제를 이용하여 계획적으로 사업을 추진했던 반면, 반대세력은 언제나 분산되어 있어서 큰 힘을 발휘하지 못했다(Garvin, 2013: 139). 그러나, 역으로 1950년대 후반 진행된 재개발사업에 대한 반대가 지역사회의 지지와 결집을 얻으면서 모제스의 철옹성과 같았던 권력은 붕괴되기 시작한다.

모제스는 도시미화운동의 후예답게 전문가의 전문성을 강조하는 전형적인 근대적 인물이었다. 하지만 그 정도가 지나쳐서 종종 독선과 교만으로 비춰지기도 했고, Caro(1974)는 이러한 그의 부정적 측면을 집중적으로 부각시켰다. 그는 주변의 '바보들'을 참지 못했다. 그는 화려한 논리와 언변으로 바보들을 무력화시키고, 자신을 돋보이도록 했다(Garvin, 2013: 134). 그의 이러한 거침없는 언행과 독선은 주위에 많은 적들을 만들었고, 정치인들은 자신에게 도전하는 모제스를 보면서 그가 그들이 다루기에는 버거운 존재라는 사실을 뒤늦게 깨닫게 되는데, 그 중에는 루즈벨트 대통령도 포함된다(Hall, 1998: 796).

1930년대 말 브루클린과 로어 맨해튼을 연결하는 방법을 두고 벌어진 논쟁은 대표적인 사례이다. 연결방법은 다리와 터널 두 가지였는데 이 중 다리는 배터리 공원을 파괴하고 여러 지역의 철거가 병행되어야 하며 예산이 많이 드는 사업이라는 점에서 월스트리트의 재정운영사, 토지소유자, 건설노조, 맨해튼 버러 장(長), 시장, 주지사, 뉴욕 상류층, 지역계획협회(RPAA),8) 역사보전활동가 등 모든 이해관계자들이 터널을 지지했음에도 모제스는 다리가 자동차를 더 많이 수송할 수 있으며, 시각적 상징성이 크다는 점을 들어 다리의 건

---

8) 멈포드와 스타인, 라이트, 바우어, 페리 등이 가입된 조직이다.

설을 고집했다. 주정부나 연방정부 차원의 예산 지원도 기대할 수 없는 상황에서 모제스는 트라이버러 브릿지의 통행수입을 담보로 사업을 추진하지만, 결국 대통령의 반대로 그의 구상은 좌초되고 Brooklyn-Battery Tunnel(현재명 Hugh L. Carey Tunnel)이 완성되었다. 1941년 트라이버러 브릿지 기관지에 게재된 기사에서 모제스는 "비용이 두 배이고, 운영비가 두 배이며, 기술적 난이도가 두 배이고, 교통처리 용량은 절반"에 불과한 사업을 정부가 강요했다고 주장했다(Caro, 1974).9)

모제스를 싫어하는 사람들이 증가하면서 1950년대 후반 들어 모제스는 조금씩 힘을 잃기 시작했고 그가 추진했던 일련의 도시재개발사업과 도시고속도로 사업이 좌초되면서 결국 직에서 밀려나게 된다. 전술한 것처럼 모제스는 그때까지 지방, 주, 연방 차원에서 합의된 의제만을 추진했기 때문에 부차적인 반대를 쉽게 돌파할 수 있었다. 말년의 그의 실패는 합의되지 않은 사업을 추진함으로써 그리고 거듭된 독선으로 시장과 주지사의 지지를 잃으면서 시작되었다고 볼 수 있다(Garvin, 2013).

2) 모제스의 업적

모제스의 업적은 다음과 같이 요약된다(Garvin, 2013: 132 – 133). 모제스는 뉴욕과 롱 아일랜드의 7개 카운티에서 적어도 총연장 200mile에 달하는 16개의 파크웨이, 10mile에 달하는 6개의 교량, 2mile에 달하는 두 개의 터널 사업을 건설하고 관리했다. 또한 롱 아

9) Caro(1974)는 이에 대해 모제스의 이러한 주장이 공학적 근거가 없으며, 터널의 이점을 의도적으로 축소시킨 것이라고 주장했다.

일랜드 공원위원회 위원장으로서 160mile에 달하는 15개의 고속도로 건설에 관여했으며, 5개 주요 공원과 133mile의 파크웨이, 24mile에 달하는 공공 해변의 개설을 주도했다. 뉴욕시 공원위원으로서 2만 2백acre의 공원부지 취득을 주도했으며, 133mile의 파크웨이, 15개의 대형 수영장, 658개의 놀이터를 만들었고, 기존에 1mile에 불과하던 시 소유의 해변을 17mile로 늘렸다. 또한 뉴욕주 전력위원회를 이끌면서 나이아가라 폭포 근처의 두 개 다리 건설과 한 개의 파크웨이를 건설했다. 뉴욕의 재개발 사업을 지휘했으며, UN 본부의 맨해튼 유치를 주도했다.

1949년부터 1957년까지 그가 뉴욕의 도시재개발 사업에 투자한 금액은 2억 6천 7백만 달러에 달했는데, 이는 미국 내 다른 도시들이 재개발사업에 투자한 전체 금액인 1억 3천 3백만 달러의 두 배에 달하는 금액으로, 그는 뉴욕 이외의 다른 도시들 전체보다 더 많은 공공주택을 건설했다(Hall, 1988: 229). 이러한 점에서 Caro(1974: 9-10)는 그를 1968년 화폐가치로 270억 달러의 건설사업을 수행한 '미국의 위대한 건설자'로 평가한다.

모제스의 주요 치적 중 특히 널리 알려진 사업은 Atlantic Ocean Beach, Johns Beach State Park, Grand Central Parkway, Henry Hudson Parkway, FDR Drive, Lincoln Center, Bronx-Whitestone Bridge, George Washington Bridge, Triborough Bridge(현재명 Robert F. Kennedy Bridge), Marine Parkway Bridge, Throgs Neck Bridge, Henry Hudson Bridge, Verrazzano-Narrows Bridge, Brooklyn-Queens Expressway, Staten Island Expressway, Long Island Expressway, Cross-Bronx

Expressway 등이다.

아이러니하지만 모제스는 계획과 계획가에 대해 부정적인 관점을 갖고 있었다(Fainstein, 2010: 89; Hall, 1998: 789).[10) 그는 도시를 단순히 도로와 공원을 중심으로 이해했다. 나머지 도시시설들은 시장(市場)에 의해 제공될 것으로 생각했다. 따라서 그는 계획가라기보다 건설행정가로 부르는 편이 더 맞을지도 모르겠다. 그럼에도 불구하고 그는 도시에 대한 자신만의 비전을 갖고 있었다. 모제스는 뉴욕이 맨해튼을 중심으로 한 고밀도시가 되어야 하며, 고속도로 네트워크에 의해 내외부가 효율적으로 연결되는 중산층 중심의 도시가 되어야 한다고 생각했다(Fainstein, 2010: 89). 그의 이러한 도시관에 비추어 볼 때, 다수의 저소득층 마을과 주택들이 철거된 것은 당연한 결과라고 할 수 있다. 그는 또한 자동차의 대량생산, 노동시간의 단축, 스포츠와 야외활동, 레크레이션 활동에 대한 관심증가 등 사회적 변화에 공공부문이 능동적으로 대응해야 한다고 생각했다(Garvin, 2013: 139). 그는 컨트리클럽 멤버십을 소유한 부유층이 아닌 자기 차로 이동할 수 있는 중산층을 위한 계획이 필요하다고 생각했는데, 그의 이러한 생각은 공원 및 해변을 파크웨이와 유기적으로 연계시키는 파크웨이계획을 통해 표출된다(Hall, 1998: 797; Garvin, 2013: 140).

그는 뉴욕에서 자동차 중심의 도로체계를 완성한 인물로 평가된다. 도로 건설에 있어 그는 주정부 및 연방정부의 기술자들이 제안한 국가 고속도로 시스템의 적극적인 지지자였다. 그는 대중연설

---

10) 모제스는 특히 멈포드 등의 주도에 의해 뉴욕을 중심으로 활동하던 RPAA에 대해 부정적인 시각을 갖고 있었다. 그 이유는 그들이 '사회주의자'라는 것에서 찾아졌다(Hall, 1998: 796).

과 뉴욕타임즈 등 다양한 언론매체 기고를 통해 고속도로 시스템의
도입을 적극 주창했다. 1946년에서 1960년까지 그는 뉴욕시 건설 조
정관으로서 지역사회의 훼손과 철거가 수반될 수밖에 없는 도로시스
템의 도입을 위해 노력했다. 그는 이 과정에서 뉴욕 주정부의 지원
과 연방정부의 재정적 지원을 이끌어냈다.

　　사실 당시 뉴욕의 모든 이해관계자들은 도로 건설 자체에는 큰
이의가 없었다. 문제는 어떤 식으로 도로를 건설하는가에 있었다.
1944년 의회는 도시고속도로가 도시를 우회해야 한다고 주장했으나,
모제스와 계획가들은 도로가 도시를 관통해야 한다고 주장했다(Hall,
1988: 292). 이는 모제스가 최선의 가치로 생각한 효율성을 고려한 주
장이었으며, 동시에 재개발을 통한 도시의 개조까지를 염두에 둔 것
이었다. 결국 모제스의 '무자비한' 효율성에 대한 중시와 독단적 전
문성의 강조가 모제스의 몰락을 이끌었다고 볼 수 있다.

　　모제스는 또한 결과적으로 뉴욕 대도시권의 교외화에 시동을
건 인물로 평가할 수 있다(Hall, 1988: 277-279). 그가 건설한 트라이
버러 브릿지는 고속도로와의 연결을 통해 20~30mile 외곽에서 맨해
튼으로의 통근을 가능하게 했다. 도로가 연결된 Westchester 카운티
와 Nassau 카운티에서는 인구가 급증했다. 전후 교외주택개발의 전
형으로 알려진 레빗타운(Levittown) 역시 모제스가 건설한 파크웨이
옆에 조성되었다.

　　모제스는 연방정부가 전후 재개발 사업을 시행하기 전에 이미
두 개의 재개발 사업을 추진했는데 이들 사업은 이후 다른 사업에
모델이 되었다(Fainstein, 2010: 88). 모제스는 재개발사업의 추진에 있
어 기존건물의 완전한 철거, 거주자의 완전한 교체, 민간주도의 계

획, 시민참여의 배제, 백인 지역에 신규주택 건설 제한 등의 원칙을 설정했는데, 이후 재개발사업은 모제스가 세운 원칙에 따라 추진되었다. Fainstein(2010: 88)은 이러한 모제스의 개발원칙을 정의의 부재와 비민주적 개발행정의 전형으로 평가한다.

3) 거인의 몰락

전쟁이 끝난 후 모제스의 활동은 더욱 활발해졌으며, 1946년 건설 조정관으로 임명되면서 권한은 더욱 커졌다. 그는 자신의 권한을 강화하기 위해 다양한 조치를 취했다. 먼저 1938년 이래 진행 중이던 뉴욕시의 용도지역계획을 중단시키고, 용도지역위원회의 권한을 없앴다. 이와 함께 뉴욕시의 건설 프로젝트 추진에 있어 연방정부와의 유일한 대화창구로 자신을 임명했다. 1959년까지 수백 acre의 토지에 2만 8천호의 주택건설계획을 수립했는데, 그의 계획은 '공원 속에 고층건물'이라는 르 꼬르뷔제의 구상을 수용한 것이었다(Caro, 1974).

1950년대 이후 합의되지 않은 프로젝트를 독선적으로 추진하는 사례가 늘어나면서 모제스의 권위는 점차 약화되기 시작했다. 결정적인 계기는 펜실배니아 역 철거사건이었는데, 이 역사적 건물에 대한 철거에 뉴욕 시민들이 반대하기 시작했고, 이러한 반대는 이후 그리니치 빌리지와 소호를 관통하는 로어 맨해튼 고속도로에 대한 반대에서 정점을 찍는다. 전술한 것처럼 제이콥스가 이 과정에서 맹활약을 했고, 정치적 부담을 느낀 뉴욕시는 모제스의 계획을 포기하게 된다. 1964년 뉴욕에서 개최된 세계 박람회의 재정적 실패도 모제스에게 큰 부담으로 작용했다. 세계 박람회 이후 뉴욕시는 재정적

어려움을 타개하기 위해 트라이버러 브릿지에서 들어오는 통행료 수입을 시 예산에 편입시키기를 원했다. 모제스는 여기에 반대했고, 뉴욕시장은 모제스를 해임했다. 이후 모제스는 자신이 갖고 있던 직위로부터 순차적으로 배제된다.

4) 평가

모제스에 대한 부정적 이미지는 1974년 출간되어 퓰리처 상을 수상한 카로(Caro)의 평전 *The Power Broker*에 의해 굳어졌다. 카로는 이 책에서 "모제스라는 이름은 추하고 야만적인 도시계획을 연상시킨다"고 비판했다. 카로는 모제스의 초기 업적인 존스 비치나 뉴욕주립 공원시스템의 구축에 대해서는 긍정적인 평가를 내리는 반면, 제2차 세계대전 이후의 행적에 대해서는 부정적인 평가를 내린다. 카로는 특히 모제스의 대중교통에 대한 무시와 독선, 권력에 대한 중독을 신랄하게 고발한다.

사실 모제스는 일반 시민들이 사는 개별 마을에 대해서는 관심이 없었다. 그는 도시를 하늘에서 내려다보는 식으로 이해했고, 이 관점에서 개별 마을은 전체 도시의 부품에 불과했다(조재성, 2020: 206-207). 카로는 모제스의 이러한 반(反)민주적 도시관을 비판했다. 모제스는 "민주주의는 대규모 공공사업에서 발생하는 문제를 해결하지 못한다고 생각했다. 따라서 그는 민주주의를 무시함으로써 이 문제를 해결했다"(Caro, 1974: 315). 카로는 모제스가 사람보다 자동차를 우선시했다고 지적한다. 모제스는 의도적으로 투자취소와 방치를 통해 대중교통의 약화를 초래했으며, 고속도로에 대한 우선적 투자를 통해 지하철 시스템을 약화시켰다. 그러나 모제스의 대대적인 도로 건설에도 불구하고, 1924년에서 1940년까지 뉴욕의 승용차 분담률은 10.6%에서 15.4%로 증가했을 뿐이다(Hall, 1998: 816). 카로는 모제스가 뉴욕의 도시구조를 무시하고 13개의 고속도로와 도시재개발 프로젝트를 통해 뉴욕의 수많은 커뮤니티들을 파괴했다고 주장했다. 카로는 또한 모제스가 공원만을 지나치게 강조해서 학교나 여타 편의시설은 무시했다고 지적한다. 이는 모제스의 공원에 대한 특별한 가치관에서 기인한 결과라기보다, 모제스의 권력이 공원위원회에서 나오는 것에 따른 결과로 볼 수 있다. 카로는 모제스가 사전에 정치인들에게 설명한 것보다 언제나 큰 규모의 프로젝트를 실제로 추진했고, 사후에 의회가 어쩔 수 없이 비용을 승인하도록 하는 편법을 썼다고 지적했다(Hall, 1998: 796).[11]

모제스의 계급적, 인종적 편향 역시 크게 비판받는 부분이다. 카로는 모제스가 도로 노선을 계획함에 있어 상류층 등, 자신의 권력을 지원해 줄 수 있는 계층을 배려하여 노선을 배정하고, 반대로 이로 인해 손해를 보는 소외계층들에 대해서는 기술적 고려에 의한 불가피한 결정이라는 합리화로 일관했다고 비판했다. 모제스는 공원이나 해변의 접근이 개인차량에 의해서만 이루어지도록 했고, 대중교통을 통한 접근을 일부러 어렵게 했다는 비판을 받는다(Hall, 1988: 277). 카로는 모제스가 맨해튼과 브롱스의 도시재개발 사업을 추진하면서 상당수가 흑인과 히스패닉인 10만 명의 저소득층을 중산층으로 대체했고 최소한 5천 개의 영세 자영업자들을 내쫓았다는 평가를 내린다(홀, 2005: 314). 카로는 모제스가 자신에게 반대하는 공무원들을 해임하거나 공산주의자로 매도했다고 주장한다. 카로는 모제스의 인

---

11) 하지만, 이것이 당시 공직사회의 관행이었음 또한 부인할 수 없는 사실이다.

종주의적 발언과 인종차별적 계획을 통렬히 고발했는데, 특히 이 부분이 모제스의 부정적 이미지를 고착시킨 계기가 되었다.

카로는 모제스에 대한 비판과 함께 중립적인 평가도 동시에 내리고 있다. 카로는 모제스가 비난 받는 행동의 상당부분은 시대적 산물이라는 점을 인정한다. 마찬가지로 Garvin(2013: 132) 역시 모제스가 욕을 먹는 것 중 상당수는 모제스가 실제로 관여하지 않은 프로젝트라고 주장한다. 카로는 어찌되었건 뉴욕이 모제스의 노력에 의해 발전했다는 사실을 인정한다. 당시 미국의 다른 도시들도 자동차와 고속도로 중심의 계획을 추진했던 것은 부인할 수 없는 사실이다. 하지만 모제스의 역할 덕분에 뉴욕은 승용차 중심도시 LA보다도 더 풍부한 도로체계를 갖출 수 있었다(Hall, 1998: 839). 카로는 또한 모제스가 취했던 르 꼬르뷔제 식의 개발이 당시 그에게 조언을 했던 뉴욕의 건축 엘리트들이 공유했던 인식이라는 점을 인정한다. 우리는 당시 다른 많은 대도시들도 마찬가지 방식으로 재개발과 공공주택 프로젝트를 추진했음을 주지할 필요가 있다(Hall, 1988: 230-231).

최근 들어 모제스에 대한 재평가가 이루어지고 있는데, 이는 경기침체기 성장과 부흥이라는 관점에서 이루어진 모제스에 대한 재해석이라고 볼 수 있다. 일부 학자들은 모제스가 공공부문의 효율성과 신뢰도를 획기적으로 신장시켰다고 평가한다(Glaeser, 2007). 모제스의 업적은 최근 World Trade Center 부지인 Ground Zero 프로젝트의 고비용 및 느린 사업진척과 비견된다. 일부 학자들은 모제스가 조성한 공원, 놀이터, 주택이 이들 지역을 묶는 공동체의 구심역할을 하고 있으며, 모제스가 구축한 공공 인프라가 오늘날 세계도시로서의 뉴욕의 경쟁력을 뒷받침하는 토대가 되었다고 평가한다(Pogrebin, 2007).

Chapter 09

근대 도시계획의 잔영: 데비도프의 옹호계획

근대 도시계획은 앞서 언급한 사건들을 계기로 급속히 권위를 잃어갔지만, 그 영향력은 오늘날까지 여전히 이어지고 있다. 20세기 후반 들어 근대 도시계획의 청산과 새로운 비전 사이에서 다양한 주장과 견해가 개진되었는데, 그러한 혼란 속에서 가장 두각을 보인 인물이 폴 데비도프(Paul Davidoff: 1930~1984)이다. 데비도프는 도시계획에 다원주의적 관점(pluralism)을 도입했다는 점에서 탈근대적 도시계획을 지향한 인물이면서, 동시에 도시계획의 사회적 의의를 강조했다는 점에서 근대 도시계획의 전통을 계승한 인물로 평가할 수 있다. 이러한 모순적인 가치의 공존과 갈등은 당시의 혼란스러운 상황과 새로운 비전에 대한 갈망을 잘 반영하는 측면이라 할 수 있다.

Checkoway(1994: 139)가 쓴 데비도프에 대한 평가는 데비도프란 인물을 잘 설명한다. "데비도프는 계획분야에서 정의와 공평을 상징하는 최고의 권위였다. 그는 계획을 광범위한 사회문제를 설명하는 과정으로 보았으며, 자원과 기회를 결여한 사람들을 위해 조건을 개선시키는 과정으로 보았다. 그는 또한 계획을 그들의 삶에 영향을 미치는 결정에서 소외된 이들의 표현과 참여를 확장시키는 과정이라고 보았다. 데비도프는 계획가들이 수행해야 할 과업으로 참여 민주주의와 실질적인 사회변화를 증진시키는 것과 빈곤과 인종주의를 극복하는 것 그리고 부자와 가난한 자, 백인과 흑인, 남성과 여성 사이에 존재하는 격차를 줄이는 작업을 제시했다."

1. 데비도프의 생애

폴 데비도프는 미국의 도시계획가이며 변호사로 옹호계획을 주창하였으며, 흑인 등 소수자를 배제하는 배타적 용도지역제(exclusionary zoning)에 맞서 마운트 로렐(Mount Laurel) 소송을 주도한 인물이다. 이후 마운트 로렐 지역이 속한 뉴저지 주는 마운트 로렐 헌장(Mount Laurel Doctrine)을 통해 소수자의 주거권을 보장하는 포용적 용도지역제(inclusionary zoning)를 입법화했다.

데비도프는 펜실베니아 대학(1968~1965), 헌터 칼리지(Hunter College, 1965~1969), 퀸즈 칼리지(Queens College, 1969~1982) 등에서 교편을 잡았고, 그의 계획이론을 널리 펼쳤다. 데비도프는 1969년 자신의 계획철학을 실행하기 위해 교외행동협회(Suburban Action Institute)를 창설하고 교외지역에서 배타적 용도지역제와 소수자에 대한 차별에 소송을 제기했다. 마운트 로렐 소송은 그 가장 대표적인 사례이다. 이와 함께 데비도프는 미국계획가협회(The American Institute of Planners) 윤리강령에 "사회적 소외계층의 필요에 대응하는 계획을 수립할 책무" 조항의 삽입을 주도했다.

데비도프는 미국 계획계가 가장 자랑하는 도시계획가로 미국 도시계획협회(The American Planning Association)는 데비도프의 업적을 기려 매년 사회적 약자를 지원한 프로젝트, 그룹, 개인에 대해 '사회 변화와 다양성을 위한 폴 데비도프 상(Paul Davidoff National Award for Social Change and Diversity)'을 수여하고 있다. 미국 계획학과협회 (The Association of Collegiate Schools of Planning) 역시 1985년 이래 격년으로 빈곤과 인종주의에 맞서는 참여적 계획 및 사회적 변화와 관련된 저술에 대해 '폴 데비도프 상(Paul Davidoff Award)'을 수여하고 있다.

2. 합리적 선택모형

데비도프가 처음부터 강렬한 사회의식을 가졌던 계획가는 아니었던 것 같다. 그는 라이너(Thomas Reiner)와 함께 선택이론(choice theory)에 관한 계획이론을 발표했는데, 이는 전통적 합리모형의 연장으로 평가된다(Brooks, 2002: 110). 이 논문에서 Davidoff and Reiner(1962)는 계획을 동태적·계속적 과정으로 규정한다. 그들은 계획의 핵심을 '과정'과 과정의 '선택'에서 찾았다. 그들의 시각은 지금으로서는 매우 일반적인 인식이지만 당시에는 매우 앞서 나갔던 견해로 볼 수 있다. 그들은 계획과정을 가치형성(value formation), 수단규명(means identification), 실현(effectuation)의 3단계로 구분했다.

가치형성에서는 바람직한 상태를 목표로 설정하고 그 달성 정도를 분석·평가할 수 있는 기준을 제시한다. 수단규명 단계에서는 목표를 실현할 수 있는 수단을 강구한다. 마지막 실현단계는 계획의 집행과 계속적인 검토, 수정이 이루어지는 단계이다. 각 단계는 선형이 아닌 동태적 과정으로 일방향이 아닌 양방향으로 진행된다.

데비도프는 계획과정은 가치판단과 선택에 의해 진행되는데, 이

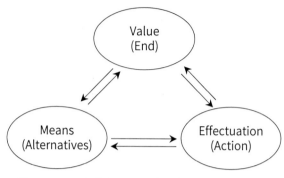

그림 9-1 Davidoff와 Reiner의 계획과정

때 계획가는 스스로의 가치판단이 아닌 고객의 가치에 충실해야 한다고 주장했다. 데비도프는 따라서 계획가는 계획에 있어서 자신의 역할을 기술적인 문제로 한정해야 한다고 주장했다(Taylor, 1998: 84). 이로부터 데비도프가 옹호계획을 받아들이기 전 전통적인 기술관료적 계획관을 갖고 있었음을 확인할 수 있으며, 동시에 가치에 대한 강조와 '고객의 가치'라는 옹호계획의 불씨를 소유하고 있었음을 발견할 수 있다.

3. 옹호계획의 출현

옹호계획(advocacy planning)은 1960년대와 70년대 격동하는 미국 사회를 배경으로 출현한 계획조류이다. 이전 시기 수행되었던 도시재개발 사업과 교외화로 인해 인종 간 그리고 소득계층 간 격리가 심화되면서 주택, 범죄, 교육, 사회복지 등 다양한 분야에서 도시문제가 심화되었고, 베트남 전쟁과 플라워 무브먼트(Flower Movement) 등의 저항문화의 대두는 도시계획계에서도 기존의 권위주의적이고 일방적인 하향식 계획이 아닌 무엇인가 새로운 접근이 필요하다는 인식을 하게 되는 계기가 되었다. 이러한 시대적 상황에서 도시계획에 있어 옹호계획이라는 새로운 접근을 들고 나온 이가 데비도프이다.

1964년 약관 30대의 펜실배니아 대학(University of Pennsylvania) 교수 데비도프는 미국계획가협회 연례학술대회에서 '사회정책에 있어 도시계획가의 역할'이라는 발제를 통해 현대 도시계획에 대한 전면적인 공격을 개진함으로써 미국 도시계획계를 거대한 소용돌이 속으로 몰아넣었다. 그의 발제는 당시 힘을 얻고 있던 제이콥스 등의 반(反)계획적 도전에 대한 계획계의 응답으로 이해되었다(Birch, 2009: 149). 그는 도시계획이 가치중립적 행위가 아니며, 공공기관에 의해 작성된 계획이 모두의 이익을 반영하지 못한다고 주장하면서 종합계획에 의한 물리적 계획을 '재난(disaster)'이라고 선언했다(Birch, 2009: 149).

그는 대안으로서 흡사 변호사와 같은 '옹호계획가'의 필요성을 주창했다. 사실 옹호계획은 변호사로서의 데비도프의 시각이 반영된 이론이었다. 그의 주장에서 옹호계획가는 변호사처럼 고객의 이익을 옹호하는 대리인이 된다. 옹호계획가의 고객은 계획과정에서 소외되어 있는 사회적 약자, 저소득층으로 설정되었다. 옹호계획은 사회가 동질적이지 않으며 다양한 이해 및 가치를 갖는 여러 집단으로 구성되어 있다는 다원론적 인식론에 기초한다(Alexander, 1992: 104). 옹호계획은 이러한 사회에서 권력은 불균등하게 배분되며 자원으로의 접근에 있어 부자와 가난한 자는 동일한 기회를 갖지 못한다고 본다. 데비도프는 계획가들에게 중립적이고 탈정치적인 기술자의 가면을 벗고 자신의 가치관을 분명히 하라고 촉구했다. 데비도프의 시각에서 옹호계획가는 일반적인 공익이 아니라 사회적 약자를 위해서 일하는 집단으로 정의되었다(Levy, 2006: 417). 따라서 그가 설정한 계획의 가치가 합리성보다는 당파성에 근거하는 것임을 알 수 있다(김홍순, 2021: 139). 옹호계획은 1960년대 대의민주주의의 위기를 시민참여를 통해 개선하려는 노력의 일환으로 볼 수 있다(Fainstein, 2010: 27). 옹호계획가의 역할은 고객을 교육하고 고객을 위해 대안을 작성하는 것 그리고 고객에 대한 기술적 지원과 대변(代辨)으로 설정되었다(Brooks, 2002: 110).

데비도프는 단일 계획이 아니라 복수의 계획이 만들어져야 한다고 주장했다. 계획가의 정치적 시각에 의해 작성된 복수의 계획은 민주적 절차 속의 경쟁과 논쟁, 조정과 협의를 통해 최종안이 결정될 것이라고 주장했다. 그는 계획가들에게 물리적 고려에만 초점을 맞추는 계획을 포기하고 사회경제적 요인에 대한 고려를 포함하라고 촉구했다. 그는 끊임없이 계획이 "누가, 무엇을, 언제, 어디서, 왜, 어떻게 얻었는지"를 규명해야 한다고 주장했다(Birch, 2009: 149).

옹호계획은 신좌파 운동의 일환으로 평가되기도 하지만 (Catanese and Snyder, 1979; Levy, 2006: 354; Fainstein, 2010: 27), 동시에 다원주의적 관점에 기초하고 있다는 점에서 모순된 인식론적 기반 위에 서 있다. 데비도프는 바람직한 목표는 행위자에 의해 결정된다는 점에서, 행위자는 자신이 적절하다고 생각하는 것, 즉 특정 가치의 옹호자가 된다고 주장했다. 따라서 그는 올바른 행동 경로는 언제나 선택의 문제이지 사실의 문제가 아니라고 주장했다. 데비도프는 옹호계획가가 특정 집단의 가치를 선택함으로써 보편적 공익을 우회할 수 있다고 주장했다(Brooks, 2002: 109). 자연스럽게 옹호계획이 설정한 고객의 이익은 다수의 이익과 일치하지 않는 경우도 많았다(Levy, 2006: 88).

그의 발표문은 1965년 미국도시계획가협회 학술지(*Journal of the American Institute of Planners*)에 '계획에 있어 옹호와 다원주의(Advocacy and Pluralism in Planning)'라는 이름의 논문으로 게재되었다. 그의 논문은 도시계획의 이론과 실무 모두에서 큰 변화를 일으켰다. 이론적 측면에 있어서 데비도프의 주장 이전 계획은 정치와 무관한 기술적 작업으로 이해되었다. 그러던 것이 1960년대말에 가서는 계획이 얼마나 정치적인 행위인가에 대해서 말하는 것이 더 이상 이상하지 않은 일이 되었다(Taylor, 1998: 85). 정치의식이 높았던 당시 미국 대학원에서는 옹호계획을 전공하겠다는 지원자가 넘쳐났다(Brooks, 2002: 111). 자연스럽게 도시계획학과의 교육 과정에도 큰 변화가 초래되었다. 특히 헌터 칼리지 도시계획학과는 데비도프를 채용하여 전체 커리큘럼을 옹호계획가를 양성하는 교육 프로그램으로 운영했다.

실무 측면에 있어서 옹호계획은 전통적인 하향식 기술관료적 계획에 대한 반발로 볼 수 있다(Alexander, 1992: 103; Fainstein, 2010: 27). 도시계획은 데비도프의 발언 이전 기술적 판단으로 한정하던 역할을 사회적, 정치적 측면으로까지 확장시키면서 진정한 종합계획으로 거듭나게 되었다. 옹호계획은 선험적이고 당위론적인 공익관을 다시 한 번 되돌아보도록 했으며 사회적 약자의 목소리에 귀 기울이도록 했다(김흥순, 2021: 139). 이와 함께 사회정의에 민감한 투명한 계획과정의 정립에 기여했다(김신복, 1999: 113). 옹호계획은 1960년대 존슨(Johnson) 행정부가 추진한 '빈곤과의 전쟁(War on Poverty)'에서 모델도시 프로그램(Model Cities Program) 등을 통해 구체화되었다. 데비도프의 주창 이후 옹호계획은 각 도시의 도시계획 부서에 빠르게 도입되었다(Birch, 2009: 149). 각 도시계획 부서에서는 마을 (neighborhood) 담당 계획가를 채용해서 지역사회활동가와 함께 계획을 추진하도록 했다. 뉴욕시에서는 1975년 도시헌장을 개정해서 지역의 활동그룹이 도시계획위원회에 자신들의 계획을 제출할 수 있도록 했다. 미네아폴리스에서는 1990년 매년 2천만 달러 예산으로 10년간 진행되는 근린재생 프로그램을 시작했다. 필라델피아 역시 2001년 16억 달러 예산의 근린혁신 프로그램을 개시했다.

옹호계획은 1970년대 '형평계획(equity planning)'의 출현을 촉발시켰다. 부유층으로부터 저소득층으로의 권력과 자원 재분배를 목표로 하는 형평계획은 클리블랜드 시 도시계획국장 크룸홀츠(Norman Krumholz)에 의해 주도되었다. Metzger(1996)는 형평계획을 정부 조직 내에서 추진되는 옹호계획으로 평가했다.

4. 비판

데비도프의 단일 공익(unitary public interest)에 대한 부정은 계획가들을 매우 혼란스럽게 했다. 일부에서는 그의 주장을 계획가의 정체성을 부정하는 반(反)계획적 논리로 받아들였다(Levy, 2006: 354). 사실 다원주의적 시각을 견지하면서 동시에 소외계층에 대한 당파성을 주장하는 것은 논리적 모순이라 할 수 있다. 옹호행위의 정당성과 합리성을 입증할 수 없으며, 사회적 약자의 이익 역시 여러 개의 집단이익 중 하나에 불과하기 때문이다(김흥순, 2021: 138). 또한 그가 말하는 복수의 계획이 무엇을 의미하는지가 분명치 않다. 다수 학자들은 다원적 계획의 존재가 비생산적이고 비효율적이어서 계획추진에 오히려 장애가 된다고 평가한다(김신복, 1999: 112).

옹호계획가가 진정으로 저소득층과 소외계층을 대변할 수 있는지 의심스럽다는 견해도 제기되었다(Alexander, 1992: 102). 일부 학자들은 옹호계획이 저소득층의 권력 도전을 호도하기 위한 지배층의 사회통제 전략일 뿐이라는 비판을 제기했다(Birch, 2009: 148-149).

옹호계획은 1960년대를 거쳐 70년대에 이르러 시위, 지역사회 운동의 조직화, 정치활동에 주력하게 되면서 계획과의 관련성이 점점 약해지는 길을 걷게 된다(Brooks, 2002: 111). 1970년에 뉴욕에서 개최된 옹호계획 컨퍼런스는 대반전을 예고한 집회였다(Brooks, 2002: 113-114). 컨퍼런스는 데비도프가 재직 중인 헌터 칼리지의 주관으로 개최되었다. 대부분의 참가자들은 뉴욕의 지역 활동가들이었다. 그들은 "(소위) 옹호란 것이 우리들(저소득 흑인) 덕분에 많은 급여를 받는 백인 중산층 전문가들의 놀잇감이 되었다. 우리는 그들의 도움이 필요치 않고 그들의 후견도 필요 없다. 옹호에 쓰이는 돈은 우리에게 직접적으로 제공되어야 한다. 우리는 우리 자신의 계획과 전략을 세울 수 있으며 우리 스스로를 대변할 수 있다"고 신랄한 비판을 퍼부었다. 활동가들은 옹호계획가들을 자기 잇속만 챙기는 권위주의적이고 억압적인 식민주의자이며 엘리트주의자라고 맹렬히 비판했다. 컨퍼런스 후 데비도프는 헌터 칼리지를 사임했고 교외행동협회를 창설하여 자신의 이론을 행동으로 옮기게 된다.

1980년대 들어 사회전반의 분위기가 바뀌었고 연방정부 차원의 지원이 줄어들면서 옹호계획에 대한 재정적 지원과 인기도 줄어들기 시작했다(Brooks, 2002: 112). Catanese and Snyder(1979)는 옹호계획이 가난한 사람들을 정지에 침여시켰으니 이들에게 동정과 시간 바에 제공할 것이 없는 사회의식은 있으되 역량이 부족한 계획가들을 양산했다고 평가한다. 정치가들은 곧 이 운동에 흥미를 잃어버렸고 닉슨 행정부는 존슨 행정부 시절 추진되었던 프로그램을 없애거나 축소시키기 시작했다.

찾아보기(인명)

찾아보기(사항)

그림 출처

(그림 2-2) 글래스고우의 노동자 임대주택

대한국토도시계획학회(2004: 215)

(그림 2-3) L'Absinthe

https://commons.wikimedia.org/w/index.php?search = degas + L%27Absi
nthe&title = Special%3ASearch&go = Go&ns0 = 1&ns6 = 1&ns12 = 1&ns14
= 1&ns100 = 1&ns106 = 1#/media/File:Edgar_Degas_ − _In_a_Caf%C3%A
9_ − _Google_Art_Project_2.jpg

(그림 2-4) 더들리 가(Dudley St.)

https://commons.wikimedia.org/wiki/File:Dudley_St.,_Seven_Dials_Well
come_L0000881.jpg?uselang = ko

(그림 2-5) 고가철도에서 내려다본 런던

https://commons.wikimedia.org/wiki/File:Dore_London.jpg?uselang = ko

(그림 2-6) 로버트 오웬

https://commons.wikimedia.org/w/index.php?title = Special:Search&limit
= 20&offset = 20&profile = default&search = robert + owen&advancedSear
ch − current = { }&ns0 = 1&ns6 = 1&ns12 = 1&ns14 = 1&ns100 = 1&ns106 =
1#/media/File:Robertowen.jpg

(그림 2-7) 오웬의 이상촌 구상

베네볼로(1996: 77)

(그림 2-8) 오웬의 뉴 하모니 구상

https://commons.wikimedia.org/wiki/Robert_Owen#/media/File:New_h

armony_vision.jpg

(그림 2-9) 버킹엄의 빅토리아 기본구상 및 조감도

(좌) Benevolo(1975: 133)

(우) https://commons.wikimedia.org/wiki/File:Proposed_Model_Town_of _Victoria_(BM_1865,1014.290).jpg

(그림 2-10) 르두가 계획한 반원형 제염소 계획과 이를 발전시킨 이상도시 쇼

(좌) https://commons.wikimedia.org/wiki/File:Arc−et−Senans_−_Plan _de_la_saline_royale.jpg

(우) https://commons.wikimedia.org/w/index.php?search=Ledoux+Ch aux&title=Special%3ASearch&go=Go&ns0=1&ns6=1&ns12=1&ns14 =1&ns100=1&ns106=1#/media/File:Projet_pour_la_ville_de_Chaux_ −_Ledoux.jpg

(그림 2-11) 샤를 푸리에

https://commons.wikimedia.org/w/index.php?search=Charles+Fourier &title=Special%3ASearch&go=Go&ns0=1&ns6=1&ns12=1&ns14=1& ns100=1&ns106=1#/media/File:Charles_Fourier_(by_Hans_F._Helmolt). jpg

(그림 2-12) 팔랑스떼르

https://commons.wikimedia.org/w/index.php?search=Phalanst%C3%A8r e&title=Special%3ASearch&go=Go&ns0=1&ns6=1&ns12=1&ns14=1 &ns100=1&ns106=1#/media/File:Phalanst%C3%A8re.jpg

(그림 2-13) 팔랑스떼르의 기본계획

정삼석(1997: 155)

(그림 2-14) 기즈에 실현된 파밀리스떼르와 파밀리스떼르의 중정

(좌) https://commons.wikimedia.org/wiki/File:Familist%C3%A8re_1.jpg

(우) https://commons.wikimedia.org/w/index.php?title＝Special:Search&
limit＝20&offset＝20&profile＝default&search＝Familist%C3%A8re&adva
ncedSearch－current＝{}&ns0＝1&ns6＝1&ns12＝1&ns14＝1&ns100＝1
&ns106＝1#/media/File:Familist%C3%A8re_Central_Guise_Int%C3%A9ri
eur.JPG

(그림 2-15) 파밀리스떼르의 보육시설

Benevolo(1977: 153)

(그림 2-16) 위니떼 다비따시옹

https://commons.wikimedia.org/wiki/File:Unite－d－Habitation－Corbus
ierhaus－Berlin－Westend－05－2017a.jpg

(그림 2-17) 스탈린그라드에 원용된 푸리에 이상도시 개념

Cooke(2000: 40)

(그림 3-1) 협소한 파리가로(1850년대)

https://commons.wikimedia.org/wiki/File:Charles_Marville,_Rue_St._Nic
olas_du_Chardonnet,_de_la_rue_Traversine,_ca._1853%E2%80%9370.jpg?
uselang＝ko

(그림 3-2) 혼잡한 파리의 가로(Rivoli St.)

김흥순(2017: 95)

(그림 3-3) 오스만의 캐리커쳐

https://commons.wikimedia.org/wiki/File:Haussmann_as_%22Artiste_D%
C3%A9molisseur%22.jpg?uselang＝ko

(그림 3-4) 파리 개조를 위한 철거 작업

https://commons.wikimedia.org/wiki/File:R%C3%A9alisationsUrbaines2n
dEmpire.jpg?uselang＝ko

(그림 3-5) 샹젤리제 거리

https://commons.wikimedia.org/wiki/File:La－D%C3%A9fense－Skyline.j
pg?uselang＝ko

(그림 3-6) 비오는 날 파리

https://commons.wikimedia.org/wiki/Gustave_Caillebotte#/media/File:
Gustave_Caillebotte_－_Jour_de_pluie_%C3%A0_Paris.jpg

(그림 3-7) 오스만이 건설한 파리 가로망

김흥순(2017: 99)

(그림 3-8) 파리의 광역상수 공급체계

Garvin(2013: 73)

(그림 3-9) 파리의 하수구 여행자들

https://www.lookandlearn.com/history－images/U246360/The－Sewers
－of－Paris

(그림 3-10) 불로뉴 숲

https://commons.wikimedia.org/wiki/Category:Bois_de_Boulogne#/me
dia/File:%27Bois_de_Boulogne%27_by_Jean_B%C3%A9raud.jpg

(그림 3-11) 뱅센 숲

https://commons.wikimedia.org/wiki/Bois_de_Vincennes#/media/File:B
ois_de_Vincennes_20060816_17.jpg

(그림 3-12) 뷔뜨 쇼몽 공원

https://commons.wikimedia.org/wiki/Category:Parc_des_Buttes－Chaum
ont#/media/File:070422_Parc_des_Buttes_Chaumont_001.jpg

(그림 3-13) 뤽상부르 정원

https://commons.wikimedia.org/wiki/Jardin_du_Luxembourg#/media/Fi

le:Jardin_du_Luxembourg.JPG

(그림 3-14) 물랭 드 라 갈레트의 무도회

https://commons.wikimedia.org/wiki/Pierre — Auguste_Renoir#/media/F
ile:Pierre — Auguste_Renoir,_Le_Moulin_de_la_Galette.jpg

(그림 3-15) 대니얼 버넘

https://commons.wikimedia.org/wiki/File:Daniel_Burnham_c1890.jpeg?u
selang = ko

(그림 3-16) The Ideal City

https://commons.wikimedia.org/w/index.php?search = The + Ideal + City
+ by + Fra + Carnevale&title = Special%3ASearch&go = Go&ns0 = 1&ns6 =
1&ns12 = 1&ns14 = 1&ns100 = 1&ns106 = 1#/media/File:Fra_Carnevale_
— _The_Ideal_City_ — _Google_Art_Project.jpg

(그림 3-17) 시카고 만국박람회장 조감도

https://www.flickr.com/photos/51764518@N02/19448337240/in/photolist
— vCzP6j — 4XmFiK — xgxTyX — owd3Gf — sEwFQQ — x5FEJW — wNRH2f
— oLJuCD — XVNBts — gaP6EJ — oxSux7 — Xqmtbn — pTUmwc — 4Euppi — 9
nno3p — nprLXE — fCgMu — 6BYYeh — 5UrFm2 — ggC5TE — duG8p9 — 6mD
NL8 — hHKk1a — eCJESu — 6mHY2d — eCJwBy — 2htx8Hs — 9nno38 — 2h6RL
Q4 — m59rwB — bBhbiH — tw7ttP — ddbjFs — 2cLYsUh — 5Uw4Wm — 4wfAy
5 — hHKKAd — mLKLwP — A33YWH — ZVGXtU — 2kD38Vu — 2cwXux1 — gi
pEmY — YzrU4t — e9Wnq3 — e9WmLS — e9WnM1 — e9WmSj — eWfhLf — fse
8N5

(그림 3-18) 시카고 만국박람회장 내 공화국 여신상과 명예의 전당

https://commons.wikimedia.org/wiki/File:Court_of_Honor_and_Grand_B
asin.jpg?uselang = ko

(그림 3-19) 페리스 휠

https://commons.wikimedia.org/wiki/File:Chicago−ferris−wheel.jpg

(그림 3-20) 워싱턴 D.C. 몰 계획

https://commons.wikimedia.org/wiki/Category:McMillan_Plan#/media/F
ile:McMillan_Plan.jpg

(그림 3-21) 버넘의 샌프란시스코 계획

https://commons.wikimedia.org/w/index.php?search=san+francisco+p
lan+burnham&title=Special%3ASearch&go=Go&ns0=1&ns6=1&ns12
=1&ns14=1&ns100=1&ns106=1#/media/File:San_Francisco_Plan_(Bu
rnham,_1905).png

(그림 3-22) 시카고 계획 보고서(초판)

https://commons.wikimedia.org/w/index.php?search=daniel+burnham
+chicago+plan&title=Special%3ASearch&go=Go&ns0=1&ns6=1&ns
12=1&ns14=1&ns100=1&ns106=1#/media/File:Plan_of_Chicago_by_
Burnham_&_Bennett_1909,_title_pages.jpg

(그림 3-23) 시카고 계획 기본구상

https://commons.wikimedia.org/wiki/File:Burnham_1909_chicago_plan.
jpg

(그림 3-24) 시카고 도심 계획

https://commons.wikimedia.org/wiki/File:Houghton_Typ_970U_Ref_09.2
96_−_LXXXVII.jpg?uselang=ko

(그림 3-25) 시카고 시빅 센터 광장

https://commons.wikimedia.org/wiki/File:BurnhamPlanOfChicago−Civi
cCenterPlaza−JulesGuerin.jpg

(그림 3-26) Speer의 게르마니아 계획

https://commons.wikimedia.org/wiki/File:Bundesarchiv_Bild_146III−37
3,_Modell_der_Neugestaltung_Berlins_(%22Germania%22).jpg?uselang=
ko

(그림 4-1) 에버니저 하워드

https://commons.wikimedia.org/wiki/File:Ebenezer_Howard.jpg?uselang
=ko

(그림 4-2) 세 개의 말굽자석

https://commons.wikimedia.org/wiki/File:%E3%83%8F%E3%83%AF%E3
%83%BC%E3%83%89%E3%80%8E%E6%98%8E%E6%97%A5%E3%81%AE
%E7%94%B0%E5%9C%92%E9%83%BD%E5%B8%82%E3%80%8F3%E7%89
%88−04.jpg?uselang=ko

(그림 4-3) 전원도시 계획(전체)

https://commons.wikimedia.org/wiki/File:Garden_City_diagram.jpg?usela
ng=ko

(그림 4-4) 전원도시 계획(구역)

https://commons.wikimedia.org/wiki/File:%E3%83%8F%E3%83%AF%E3
%83%BC%E3%83%89%E3%80%8E%E6%98%8E%E6%97%A5%E3%81%AE
%E7%94%B0%E5%9C%92%E9%83%BD%E5%B8%82%E3%80%8F3%E7%89
%88−06.jpg?uselang=ko

(그림 4-5) 사회도시 구상

https://commons.wikimedia.org/wiki/File:Ebenezer.jpg?uselang=ko

(그림 4-6) 그린벨트에 의해 둘러싸여진 레츠워스

Benevolo(1977: 352)

(그림 4-7) 레츠워스

김흥순(2017: 123)

(그림 4-8) 웰윈 주택지

https://commons.wikimedia.org/wiki/File:The_Parkway_Fountain.jpg?us
elang＝ko

(그림 4-9) 햄스테드 전원교외

https://www.shutterstock.com/ko/image－photo/aerial－view－hampste
ad－garden－suburb－typical－1691519950

(그림 5-1) 패트릭 게데스

https://commons.wikimedia.org/w/index.php?search＝patrick＋geddes&
title＝Special%3ASearch&profile＝advanced&fulltext＝1&advancedSearc
h－current＝%7B%7D&ns0＝1&ns6＝1&ns12＝1&ns14＝1&ns100＝1&ns
106＝1#/media/File:Patrick_Geddes_(1886).jpg

(그림 5-2) 패트릭 애버크롬비

https://commons.wikimedia.org/w/index.php?search＝patrick＋abercro
mbie&title＝Special%3ASearch&profile＝advanced&fulltext＝1&advance
dSearch－current＝%7B%7D&ns0＝1&ns6＝1&ns12＝1&ns14＝1&ns100
＝1&ns106＝1#/media/File:Sir_(Leslie)_Patrick_Abercrombie_－_NPG_x
82059.jpg

(그림 5-3) 대런던계획

Hall(2002: 65)

(그림 6-1) 클라렌스 페리

https://commons.wikimedia.org/wiki/File:Clarence_Perry.JPG

(그림 6-2) 드러몬드의 City Club 계획

Talen(2005: 196)

(그림 6-3) 페리의 근린주구 개념과 단지조성 예시

(좌) 대한국토도시계획학회(2004: 91)

(우) https://commons.wikimedia.org/wiki/File:Clarence_Perry%27s_Neig
hborhood_Unit,_1928.jpg

(그림 6-4) 래드번 계획

대한국토·도시계획학회(2004: 394)

(그림 6-5) 래드번 전경

대한국토·도시계획학회(2004: 397)

(그림 6-6) 래드번에 적용된 쿨데삭 개념

대한국토·도시계획학회(2004: 394)

(그림 6-7) 그린벨트 뉴타운

김흥순(1991: 89)

(그림 6-8) 유클리드 조닝과 군집지구제

Cullingworth(1997: 86)

(그림 7-1) 토니 가르니에

https://commons.wikimedia.org/wiki/File:Portrait_de_Tony_Garnier.jpg

(그림 7-2) 공업도시 레이아웃

https://commons.m.wikimedia.org/wiki/File:Garnier — Tony,_Cit%C3%A9
_industrielle,_plan.jpg

(그림 7-3) 공업도시 조감도

https://commons.wikimedia.org/wiki/File:Garnier — Tony,_Cit%C3%A9_i
ndustrielle,_centre,_vue_perspective.jpg

(그림 7-4) 공업도시 내 공업지구

https://commons.wikimedia.org/wiki/File:Garnier — Tony,_Cit%C3%A9_I ndustrielle,_les_hauts_fournaux.jpg

(그림 7-5) 공업도시 내 주거지구

Benevolo(1977: 334)

(그림 7-6) 리옹 계획

https://commons.wikimedia.org/w/index.php?search = Tony + garnier + L
yon&title = Special%3ASearch&go = Go&ns0 = 1&ns6 = 1&ns12 = 1&ns14
= 1&ns100 = 1&ns106 = 1#/media/File:Planche_41._%E2%80%94_Habitat
ions_en_commun,_centre_industriel_%C3%A0_Lyon.jpg

(그림 7-7) 안토니오 산텔리아

https://commons.wikimedia.org/w/index.php?search = antonio + santelia
&title = Special%3ASearch&go = %EB%B3%B4%EA%B8%B0&uselang = ko
&ns0 = 1&ns6 = 1&ns12 = 1&ns14 = 1&ns100 = 1&ns106 = 1#/media/File:
Antonio_Sant'Elia.jpg

(그림 7-8) 신도시(주택)

https://commons.wikimedia.org/wiki/File:Casa_Sant%27Elia.jpg

(그림 7-9) 신도시(철도역)

https://commons.wikimedia.org/wiki/File:Stazione_Sant%27Elia.jpg

(그림 7-10) 신도시(발전소)

https://commons.wikimedia.org/wiki/File:Centrale_elettrica_Sant%27Elia.
jpg

(그림 7-11) 르 꼬르뷔제

https://commons.wikimedia.org/wiki/Le_Corbusier?uselang = ko#/media
/File:Le_Corbusier_1933.jpg

(그림 7-12) 르 꼬르뷔제의 밀도 개념

Talen(2005: 56)

(그림 7-13) 르 꼬르뷔제의 '현대도시' 계획

Fishman(1982)

(그림 7-14) 앵발리드 건설을 명하는 루이 14세

Hall(1988: 206)

(그림 7-15) 브와쟁 계획

(좌) Valasquez(2016: 232)

(우) https://commons.wikimedia.org/wiki/File:Plan_Voisin_model.jpg

(그림 7-16) 빛나는 도시

Hall(1988: 208)

(그림 7-17) 도미노 주택

손세관(1993: 296)

(그림 7-18) 시트로엥 주택

손세관(1993: 297)

(그림 7-19) 위니떼 다비따시옹(마르세이유)

https://commons.wikimedia.org/w/index.php?search=unite＋d%27habit
ation&title=Special%3ASearch&profile=advanced&fulltext=1&advance
dSearch−current=%7B%7D&ns0=1&ns6=1&ns12=1&ns14=1&ns100
=1&ns106=1&uselang=ko#/media/File:Unit%C3%A9_d'habitation_Mar
seille,_France.jpg

(그림 7-20) 르 꼬르뷔제의 모듈

윤장섭(2004: 280)

(그림 7-21) 샨디갈 계획

김흥순(2017: 134)

(그림 7-22) 샨디갈 의회(르 꼬르뷔제 설계)

https://commons.wikimedia.org/wiki/File:Palace_of_Assembly_Chandiga rh_2007.jpg?uselang=ko

(그림 7-23) 브라질리아 계획

Holston(1989: 63)

(그림 7-24) 파라노아 호수

https://www.google.co.kr/search?q=unite+dhabitation&biw=1920&bih =1075&tbm=isch&tbo=u&source=univ&sa=X&ved=0ahUKEwjmtZO 54MzNAhXJo5QKHUE4AhkQ7AkIKw&dpr=1#tbm=isch&q=paranoah +lake&imgrc=asprh_cM64ccxM%3A

(그림 7-25) 브라질리아 경관

https://commons.wikimedia.org/wiki/Bras%C3%ADlia?uselang=ko#/me dia/File:Brasilia_Panorama.jpg

(그림 7-26) 브라질리아 주변 파벨라

김흥순(2017: 136)

(그림 7-27) 개선문 위에서 바라본 라데팡스

ⓒ정다운

(그림 7-28) 라데팡스

https://commons.wikimedia.org/wiki/File:Quartier_La_Defence.JPG?usel ang=ko

(그림 8-1) 프룻 아이고의 폭파

https://commons.wikimedia.org/w/index.php?search=pruitt+igoe&title =Special%3ASearch&go=%EB%B3%B4%EA%B8%B0&uselang=ko&ns0 =1&ns6=1&ns12=1&ns14=1&ns100=1&ns106=1#/media/File:Pruitt -Igoe-collapses.jpg

(그림 8-2) 로버트 모제스와 맞서 싸우는 제인 제이콥스

https://commons.wikimedia.org/w/index.php?search=jane+jacobs&title=Special%3ASearch&go=%EB%B3%B4%EA%B8%B0&uselang=ko&ns0=1&ns6=1&ns12=1&ns14=1&ns100=1&ns106=1#/media/File:Jane_Jacobs.jpg

(그림 8-3) 『미국 대도시의 죽음과 삶』 표지

https://commons.wikimedia.org/wiki/File:DeathAndLife.JPG

(그림 8-4) 멈포드의 *The Culture of Cities* 속 서민 거주지

Talen(2005: 89)

(그림 8-5) 제이콥스 평전: 『모제스와 씨름하기』

https://www.slideshare.net/hajswbpym/new-pdf-wrestling-with-moses-how-jane-jacobs-took-on-new-yorks-master-builder-and-transformed-the-american-city

(그림 8-6) 로버트 모제스

https://commons.wikimedia.org/w/index.php?search=robert+moses&title=Special%3ASearch&go=Go&ns0=1&ns6=1&ns12=1&ns14=1&ns100=1&ns106=1#/media/File:Robert_Moses_with_Battery_Bridge_model.jpg

(그림 8-7) *The Power Broker* 표지

https://www.google.com/search?q=power+broker&source=lnms&tbm=isch&sa=X&ved=2ahUKEwiuqomhzevvAhWkSfUHHccNARMQ_AUoAXoECAEQAw&biw=1920&bih=969#imgrc=3KwSEXrp6stfnM

(그림 8-8) 트라이버러 브릿지

https://commons.wikimedia.org/w/index.php?search=triborough+bridge&title=Special%3ASearch&profile=advanced&fulltext=1&advancedSea

rch − current = %7B%7D&ns0 = 1&ns6 = 1&ns12 = 1&ns14 = 1&ns100 = 1&
ns106 = 1&uselang = ko#/media/File:Triborough_Bridge_and_Hell_Gate_
New_York_City_Queens − edit.jpg

참고문헌

권용찬·전봉희. (2011). "근린주구론이 일제강점기 서울의 주거지 계획에 영향을 준 시점: 토지구획정리사업 및 일단의 주택지 경영 사업 대상지를 중심으로", 『대한건축학회 논문집 계획계』 27(12): 189 – 200.

김신복. (1999). 『발전기획론』. 서울: 박영사.

김흥순. (1991). 『도시계획 활동의 가치지향성에 관한 연구』. 한양대학교 석사학위논문.

김흥순. (2007). "사회주의 도시는 어떻게 만들어졌는가?: 소련 건국 초기 도시주의 대 비도시주의 논쟁을 중심으로", 『국토계획』 42(6): 25 – 48.

김흥순. (2007). "일제강점기 도시계획에서 나타난 근대성: 조선시가지계획령(朝鮮市街地計劃令)을 중심으로", 『서울도시연구』 8(4): 155 – 173.

김흥순. (2010). "19세기말 프랑스 인상주의 회화 속에 표현된 파리의 근대적 도시경관", 『대한건축학회논문집 계획계』 26(7): 203 – 214.

김흥순 (2017). 『역사로 읽는 도시 이야기』. 서울: 보성각.

김흥순. (2018). "혁신에서 배제로: 미국 용도지역제의 등장과 진화", 『대한건축학회논문집 계획계』 34(4): 123 – 131.

김흥순. (2021). 『도시계획가를 위한 계획이론』. 서울: 박영사.

김흥순·이명훈. (2006). "미국 도시미화 운동의 현대적 이해: 그 퇴장과 유산을 중심으로", 『서울도시연구』 7(3): 87 – 106.

대한국토·도시계획학회. (2004). 『서양도시계획사』. 서울: 보성각.

대한국토·도시계획학회. (2004). 『도시, 인간과 공간의 커뮤니케이션』. 서울: 기뮤니게이션북스.

대한국토·도시계획학회. (2019). 『국토와 도시』. 서울: 보성각.

라슨, 에릭(Erik Larson). 『화이트 시티』. 양은모 옮김. 서울: 은행나무.

루빈, 제임스(James H. Rubin). (2001). 『인상주의』. 김석희 옮김. 서울: 한길아트.

르 꼬르뷔지에(Le Corbusier). (1999). 『르 꼬르뷔지에의 아테네 헌장』. 이윤자 역. 서울: 기문당.

마르크스·엥겔스(K. Marx and F. Engels). (1991). "공산주의당 선언", 『칼 맑스 프리드리히 엥겔스 저작 선집』. 최인호 번역. 서울: 박종철출판사. pp.399 – 433.

멈포드, 루이스(Lewis Mumford). (2010). 『유토피아 이야기』. 박홍규 옮김. 서울: 텍스트.

민유기. (2007). 『도시이론과 프랑스 도시사 연구』. 서울: 심산.

바넷, 조나단(Jonathan Barnett). (1997). 『도시 디자인의 근대사』. 이정형 옮김. 서울: 도서출판 국제.

박진빈. (2016). 『도시로 보는 미국사』. 서울: 책세상.

베네볼로, 레오나르도(L. Benevolo). (1996). 『근대도시계획의 기원과 유토피아』. 장성수·윤혜정 역. 서울: 태림문화사.

손세관. (1993). 『도시주거 형성의 역사』. 서울: 열화당.

엥겔스, 프리드리히(F. Engels). (1988). 『영국 노동자계급의 상태』. 박준식·전병유·조효래 옮김. 서울: 두리.

유치선·이수기. (2015). "대한제국 한성 도시개조사업의 재평가: 근대도시계획의 보편적 특성을 중심으로", 『국토계획』 50(3): 5 – 22.

윤장섭. (2004). 『서양근대건축사』. 서울: 기문당.

정삼석. (1997). 『都市計劃』. 서울: 기문당.

제이콥스, 제인(Jane Jacobs). (2010). 『미국 대도시의 죽음과 삶』. 유강은 옮김. 서울: 그린비.

조재성. (2020). 『현대 도시계획론』. 파주: 한울 아카데미.

프램튼, 케네스(K. Frampton). (2017). 『현대 건축: 비판적 역사』. 송미숙 옮김. 서울: 마티.

홀, 피터(Peter Hall). (2005). 『내일의 도시』. 임창호·안건혁 옮김. 파주: 한울 아카데미.

Adams, Thomas. (1935). *Outline of Town and City Planning*. New York: Russell Sage Foundation.

Alexander, E.R. (1993). *Approaches to Planning*. Langhorne: Gordon and Breach Science Publishers.

Baldus, Heather. (2014). "A Broad Stroke: New Harmony's Artistic Legacy", *Traces of Indiana and Midwestern History*, Indianapolis: Indiana Historical Society. 26(2).

Barnett, J. (1988). "Urban Deisgn", in F. So and J. Getzels eds. *The Practice of Local Government Planning*. Washington D.C.: ICMA.

Benevolo, Leonardo. (1975). *The Origins of Modern Town Planning*. Cambridge: The MIT Press.

Benevolo, Leonardo. (1978). *History of Modern Architecture*. Cambridge: The MIT Press.

Bentley, Jerry H. and Ziegler, Herbert F. (2008). *Traditions & Encounters: A Global Perspective on the Past*. Volume II From 1500 to the Present (Fourth ed.). New York: McGraw Hil.

Birch, E.L. (2009). *The Urban and Regional Planning Reader*. New York: Routledge.

Boyer, M.C. (1983). *Dreaming the Rational City*. Cambridge: The MIT Press.

Branigin, Roger D. (1972). "Robert Owen's New Harmony: An

American Heritage", in Donald E. Pitzer, ed. *Robert Owen's American Legacy: Proceedings of the Robert Owen Bicentennial Conference.* Indianapolis: Indiana Historical Society.

Brooks, M.P. (2002). *Planning Theory for Practitioners.* Chicago: Planners Press.

Bruegmann, Robert. (2000). "The Paradoxes of Anti−sprawl Reform", in Robert Freestone ed. *Urban Planning in a Changing World,* New York: Routledge.

Calthorpe, Peter. (1993). *The Next American Metropolis.* New York: Princeton Architectural Press.

Carion, Carlos. (2014). "Robert Moses", Nexus.umn.edu.

Caro, Robert A. (1974). *The Power Broker.* New York: Knopf.

Catanese, A.J. and Snyder, J.C. (1979). *Introduction to Urban Planning.* New York: McGraw Hill.

Checkoway, Barry. (1994). "Paul Davidoff and Advocacy Planning in Retrospect", *Journal of the American Planning* Association 60(2).

Christensen, C.A. (1986). *The American Garden City and the New Towns Movement.* Ann Arbor: UMI Research Press.

Clayton, Joseph. (1908). *Robert Owen: Pioneer of Social Reforms.* London: A.C. Fifield.

Cooke, Catherine. (2000). "Cities of Socialism: Technology and Ideology in the Soviet Union in the 1920s", in Deckker Thomas ed. *The Modern City Revisited.* London: Spon Press.

Cullingworth, Barry. (1997). *Planning in the USA.* New York: Routledge.

Cullingworth, Barry and Nadin, Vincent. (2002). *Town and Country*

Planning in the UK. London: Routledge.

Davidoff, Paul and Reiner, Thomas. (1962). "A Choice Theory of Planning", *Journal of the American Institute of Planners* 28.

Diefendorf, Jeffry M. (2000). "Motor Vehicles and the Inner City", in Robert Freestone ed. *Urban Planning in a Changing World.* New York: Routledge.

Estabrook, Arthur H. (1923). "The Family History of Robert Owen", *Indiana Magazine of History* 19(1).

Fainstein, Susan S. (2010). *The Just City.* Ithaca: Cornell University Press.

Fischler, R. (2000). "Planning for Social Betterment: From Standard of Living to Quality of Life", in Robert Freestone ed. *Urban Planning in a Changing World.* New York: Routledge.

Fishman, Robert. (1982). *Urban Utopias in the Twentieth Century.* Cambridge: The MIT Press.

Flint, Anthony. (2011). *Wrestling with Moses.* New York: Random House.

Foglesong, R. (1986). *Planning the Capitalist City.* Princeton: Princeton University Press.

Freestone, Robert. (2000). Learning from Planning's Histories in Robert Freestone ed. *Urban Planning in a Changing World.* New York: Routledge.

Friedmann, John. (1987). *Planning in the Public Domain.* Princeton: Princeton University Press.

Garnett, Ronald. (1972). *Co-operation and the Owenite Socialist Communities in Britain, 1825—45.* Manchester: Manchester

University Press.

Garvin, Alexander. (2013). *The Planning Game*. New York: W.W.Norton Company.

Gerckens, L.C. (1988). "Historical Development of American City Planning" in Frank S. So and Judith Getzels eds. *The Practice of Local Government Planning*. Washington D.C.: ICMA.

Glaeser, Edward. (2007). "Great Cities Need Great Builders", *The New York Sun*. January 19.

Gould, S.J. (1997). "Kropotkin Was No Crackpot", *Natural History*. July.

Gugin, Linda C. and Clair, James E.St. (2015). *Indiana's 200: The People Who Shaped the Hoosier State*. Indianapolis: Indiana Historical Society Press.

Hall, Peter. (1988). *Cities of Tomorrow*. Cambridge: Blackwell.

Hall, Peter. (1998). *Cities in Civilization*. New York: Pantheon Books.

Hall, Peter. (2000). "The Centenary of Modern Planning" in Robert Freestone ed. *Urban Planning in a Changing World*. New York: Routledge.

Hall, Peter. (2002). *Urban and Regional Planning*. Fourth Edition. London: Routledge.

Hamer, David. (2000). "Planning and Heritage: Towards Integration" in Robert Freestone ed. *Urban Planning in a Changing World*. New York: Routledge.

Hardy, D. (2000). "Quasi Utopias: Perfect Cities in an Imperfect World", in Robert Freestone ed. *Urban Planning in a Changing World*. New York: Routledge.

Harrison, John F.C. (1972). "Robert Owen's Quest for the New Moral World in America", in Donald E. Pitzer, ed. *Robert Owen's American Legacy: Proceedings of the Robert Owen Bicentennial Conference.* Indianapolis: Indiana Historical Society.

Harvey, Rowland Hill. (1947). *Robert Owen: Social Idealist.* Berkeley: University of California Press.

Hass – Klau, C. (1990). *The Pedestrian and City Traffic.* London: Belhaven Press.

Hines, T. (1974). *Burnham of Chicago,* New York: Oxford University Press.

Holston, James. (1989). *The Modernist City.* Chicago: The University of Chicago Press.

Hudson, B.R. (1979). "Aesthetic Ideology and Urban Design", *Annals of the Association of American Geographers* 69: 339 – 361.

Irish Arts Review. (2016). "Green Energy", March 11, 2016.

Kelbaugh, D.S. (2002). *Repairing the American Metropolis.* Seattle: University of Washington Press.

Kostof, Spiro. (1991). *The City Shaped.* Boston: A Bulfinch Press Book.

Lang, J., 2000, "Learning from Twentieth Century Urban Design Paradigms", in R. Freestone(ed.), *Urban Planning in a Changing World.* New York: Routledge.

Lang, M.H. (1996). "The Design of Yorkship Garden Village" in M.C. Sies and C. Silver ed. *Planning the Twentieth Century American City.* Baltimore: Johns Hopkins University Press. pp.120 – 144.

Lee, L – M. and Ahn, K – H (2003), "Is Kentlands Better than Radburn?: The American Garden City and New Urbanist Paradigms",

Journal of the American Planning Association 69(1): 50−71.

LeGates, R.T. and Stout F. (1998). *Early Urban Planning, 1870−1940*. London: Routledge.

Levy, John M. (2006). *Contemporary Urban Planning*. Seventh Edition. Upper Saddle River: Pearson.

Loukaitou−Siders, A. and Banerjee, T. (1998). *Urban Design Downtown*. Berkeley: University of California Press.

Lovelace, Eldridge. 1992. *Harland Bartholomew*. Urbana, IL: University of Illinois Press.

Manieri−Elia, M., 1979, "Toward an Imperial City", in G. Ciucci, F. Dal Co, M. Mam'en−Elia and H. Tafuri eds. *The American City*. Cambridge: The MIT Press.

Marcuse, P., 1980, "Housing in Early City Planning", *Journal of Urban History* 6(3).

McCarthy, M., 1970, "Chicago Businessmen and the Burnham Plan", *Journal of the Illinois State Historical Society* 63.

Metzger, John T. (1996). "The Theory and Practice of Equity Planning", *Journal of Planning Literature* 11(1).

Mumford, Eric. (2000). *The CIAM Discourse on Urbanism, 1928−1960*. Cambridge: The MIT Press.

Mumford, Lewis. (1965). "The Garden City Idea and Modern Planning" in E. Howard, *Garden Cities of To−Morrow*. London: Faber and Faber. p35.

Mumford, Lewis. (1968). *The Urban Prospect*. New York: Harcourt Brace Jovanovich.

Ouroussoff, Nicolai (2006). "Outgrowing Jane Jacobs and Her New

York", *The New York Times* 30 April 2006

Paden, Roger. (2002). "Marx's Critique of the Utopian Socialists", *Utopian Studies* 13: 67-91.

Pepper, David. (1996). *Modern Environmentalism: An Introduction.* London: Routledge.

Perry, C.A. (1929). "The Neighborhood Unit: A Scheme of Arrangement for the Family—life Community" in *the Regional Survey of New York and Its Environs*, Volume VII, Neighborhood and Community Planning. New York.

Peterson, J.A. (1996). "Frederick Law Olmstead Sr. and Frederick Law Olmstead Jr.", in M.C. Sies and C. Silver eds. *Planning the Twentieth Century American City*. Baltimore: Johns Hopkis University Press. pp.37 — 54.

Pogrebin, Robin. (2007). "Rehabilitating Robert Moses", *The New York Times*. January 28.

Rees, James Frederick. (2007). "Owen, Robert (1771-1858), Utopian Socialist", *Dictionary of Welsh Biography*. National Library of Wales. (online version)

Rose, J.K. (1996). "The World's Columbian Exposition: Idea, Experience, Aftermath", http://xroads.virginia.edu/%7EMA96/WCE/history.html.

Rykwert, Joseph. (2000). *The Seduction of Place*. New York: Pantheon Books.

Sarachan, Sydney. (2013). "The Legacy of Robert Moses", *Need to Know*. PBS. January 17,

Schama, Simon. (1995). *Landscape and Memory*. New York: Alfred A. Knopf.

Schubert, Dirk. (2000). "The Neighborhood Paradigm: From Garden Cities to Gated Communities", in Robert Freestone ed. *Urban Planning in a Changing World*. New York: Routledge.

Scott, M. (1969). *American City Planning since 1890*. Berkely: University of California Press.

Serenyi, P. (1967). "Le Corbusier, Fourier, and the Monastery of Ema", *The Art Bulletin*, 49(4).

Sussman, Carl. (1976). *Planning the Fourth Migration*. Cambridge: The MIT Press.

Talen, Emily. (2005). *New Urbanism and American Planning*. New York: Routledge.

Taylor, Nigel. (1998). *Urban Planning Theory since 1945*. London: SAGE Publications.

Thadani, D.A. (2010). *The Language of Town and Cities*. New York: Rizzoli.

Thornley, Andy. (1993). *Urban Planning under Thatcherism*. London: Routledge.

van Nus, W., 1984, "The Fate of City Beautiful Thought in Canada, 1893－1930", in G. Stelter and A. Artibise eds. *The Canadian City: Essays in Urban and Social History*. Ottawa: Carleton University Press.

Velasquez, VIctor. (2016). "Architectural Patrimony in the Graphical Representation of the Voisin Plan", *Journal of Architectural and Urbanism* 40(3): 229－239.

Ward, S.V. (2000). "Re－examining the International Diffusion of Planning" in Robert Freestone ed. *Urban Planning in a Changing*

World. New York: Routledge.

Wilson, W. (1989). *The City Beautiful Movement*. Baltimore: Johns Hopkins University Press.

저자 약력

김흥순
한양대학교 도시공학과 및 동대학원 졸업
미국 Texas A&M University, Urban & Regional Science, Ph.D.
인천발전연구원 연구위원
창원대학교 행정학과 조교수
미국 University of Oregon 방문학자
(현) 한양대학교 도시공학과 교수

논문 및 저서
국내외 논문 100여 편
≪한국 부동산 문제의 이해≫
≪역사로 읽는 도시이야기≫
≪도시계획가를 위한 계획이론≫
대한국토·도시계획학회 편, ≪도시계획론≫ 5,6정판 (공저)
대한국토·도시계획학회 편, ≪도시, 인간과 공간의 커뮤니케이션≫ (공저)
대한국토·도시계획학회 편, ≪도시재생≫ (공저)
대한국토·도시계획학회 편, ≪국토와 도시≫ (공저)
한국도시계획가협회 편, ≪도시계획: 이론과 실제≫ (공저)

인물로 보는
서양 근대도시계획사

초판발행   2021년 6월 15일

지은이   김흥순
펴낸이   안종만·안상준

편 집   전채린
기획/마케팅   오치웅
표지디자인   Benstory
제 작   고철민·조영환

펴낸곳   (주)**박영사**
             서울특별시 금천구 가산디지털2로 53, 210호(가산동, 한라시그마밸리)
             등록 1959. 3. 11. 제300-1959-1호(倫)
전 화   02)733-6771
f a x   02)736-4818
e-mail   pys@pybook.co.kr
homepage   www.pybook.co.kr
ISBN   979-11-303-1319-1   93350

정 가   15,000원